学校课程发展
精品丛书

丛书主编
舒小红　杨四耕

五育并举的课程体系

致良知课程的旨趣与探索

主编　罗先凤

华东师范大学出版社
·上海·

图书在版编目(CIP)数据

五育并举的课程体系:致良知课程的旨趣与探索/罗先凤主编. —上海:华东师范大学出版社,2020
(学校课程发展精品丛书)
ISBN 978-7-5760-0692-6

Ⅰ.①五… Ⅱ.①罗… Ⅲ.①中小学—课程建设—研究—南昌 Ⅳ.①G632.3

中国版本图书馆 CIP 数据核字(2020)第 241040 号

学校课程发展精品丛书
五育并举的课程体系:致良知课程的旨趣与探索

丛书主编	舒小红　杨四耕
主　　编	罗先凤
责任编辑	刘　佳
特约审读	陈成江
责任校对	徐素苗　时东明
装帧设计	风信子
出版发行	华东师范大学出版社
社　　址	上海市中山北路 3663 号　邮编 200062
网　　址	www.ecnupress.com.cn
电　　话	021-60821666　行政传真 021-62572105
客服电话	021-62865537　门市(邮购)电话 021-62869887
地　　址	上海市中山北路 3663 号华东师范大学校内先锋路口
网　　店	http://hdsdcbs.tmall.com
印 刷 者	上海展强印刷有限公司
开　　本	787毫米×1092毫米　1/16
印　　张	16.25
字　　数	223 千字
版　　次	2021 年 1 月第 1 版
印　　次	2023 年 12 月第 3 次
书　　号	ISBN 978-7-5760-0692-6
定　　价	48.00 元
出 版 人	王　焰

(如发现本版图书有印订质量问题,请寄回本社客服中心调换或电话021-62865537联系)

丛书编委会

主　　编：舒小红　杨四耕

副主编：周　林　汪智星

成　　员：（按姓氏笔画为序）
　　　　　万远芳　王玉燕　李美荣　杨　舸　杨四耕　邹　娟
　　　　　汪智星　张　蕾　罗先凤　周　林　胡乐红　秦文英
　　　　　徐耀志　高友明　崔春华　章　明　舒小红

本书编委会

主　　编：罗先凤

副主编：吴　宁　万　娜

成　　员：邹　静　况　莉　魏雨宣　陈文磊　刘文丽　雷颖红
　　　　　刘志勇　罗玉环　杜颖妮　涂发盛　魏思平

丛书总序

区域课程改革既受国家课程改革政策影响,又与学校课程变革主体意愿相关。无论是国家课程改革的落地,还是学校课程变革的统领,都和区域这个中间环节密不可分。就区域课程改革推进模式而言,主要有"自上而下"的空降模式、"自下而上"的草根模式和"平行主体"的分布模式等三种。从宏观角度看,自上而下的课程变革层级设计是最有效的;从微观角度看,自下而上的课程变革主体参与是最重要的;从文化角度看,平行主体的课程变革激励分享是最有意义的。面对各种课程变革模式,如何取长补短是区域课程改革的路径选择和实践智慧。

美国当代教育改革家约翰·I.古德莱德(John I. Goodlad)和克莱因(M. Frances Klein)、肯尼思·A.泰伊(Kenneth A. Tye)提出"课程层级论"思想,他们将课程分为五个层级:(1)理想的课程,由研究机构、学术团体和课程专家倡导的、以纯粹形式呈现的课程形态。这类课程是否产生实际影响,主要看它是否为官方所采纳;(2)正式的课程,是获得州和地方学校委员会同意,由学校和教师采用的课程,也就是列入学校课程表的课程;(3)领悟的课程,指头脑中领悟的、理解的课程,被官方采纳的正式的课程会以学科形式呈现,经教师理解和领悟进入实施状态;(4)实施的课程,教师根据具体的教育情境,对"领悟的课程"作出调整使之成为"实施的课程",进入课堂教学;(5)体验的课程,这是学生实际体验到的课程,尽管经历了同样的课程与学习,但不同学生会获得不同的学习体验,该层次的课程是对整个课程组织流转的最终检验和落实。[1]

在古德莱德看来,上述五个课程层级,每个课程层级都必须进行三个方面的探究:一是实质性探究,包含对课程目标、学科内容以及教材等课程实体要素的本质和价值研究;二是社会性探究,包括对人类发展过程的研究,通过"政治—社会"研

---

[1] John I. Goodlad and Associates(eds.). Curriculum Inquiry: the study of curriculum practice[M]. New York: McGraw Hill,1979:344 - 350.

究看到利益倾向及其因果关联;三是专业性探究,主要从"技术—专业"角度考察个体或群体对课程的设计、维护和评价,进而改进、推动或者更新课程。① 前两个方面主要探究课程的价值与原理,后一个方面主要探究课程的技术与实践。古德莱德认为每个层级的课程都必须对其本质与价值、政治与社会、技术与专业进行细节性地审视和实践化处理,才能真正促使课程一层一层地垂直落地。

古德莱德"课程层级论"揭示了课程从理论形态到实践形态的运动过程,使人们对课程概念的理解从静态角度转换到动态角度,真正把课程看成是层次化、系统化和生态化的复杂系统,使我们既看到课程的宏观系统,又看到课程的微观层面;既关注原理的探究,又关注实践的落实,对课程从哪里来,要到哪里去,从时间流上考察清楚了。

按照古德莱德"课程层级论"思想,课程改革从区域布局到学生学习整个自上而下的"课程链"有五个层级:(1)区域层面,代表国家,推行"理想的课程";(2)学校层面,基于本校,规划"正式的课程";(3)科组层面,立足学科,设计"理解的课程";(4)教师层面,深耕课堂,创生"实施的课程";(5)学生层面,聚焦学习,获得"经验的课程"。每个课程层级内部有一个"势能储层"。按照《简明不列颠百科全书》的解释:势能是由系统各部分的相对位置所决定的储能,势能是系统的特性而不是单个物体或质点的性质。② 势能是个状态量,是相互作用的物体所共有的。我们用"势能储层"这个概念来表达在一个课程层级内的若干要素之间的相互作用情况,每个课程层级就是一个"势能储层",该层级内部各要素,如资源、环境、主体等相互作用,产生一定的"能量",进而推动着课程变革进一步落地,形成区域课程改革的瀑布模型(见图1)。

1. 区域层面:代表国家,推行"理想的课程"

区域层面如何以国家课程政策为依据,以学科课程标准为基础,整合性地推进"理想的课程"落地? 课程是最重要的改革载体,区域课程改革必须立足实际,基于"五育并举"的要求,把对学校发展、教师发展以及学生发展产生影响的各种因素及

---

① (瑞典)胡森,(德)波斯尔斯韦特.教育大百科全书第7卷[M].重庆:西南师范大学出版社,2006:109.
② 姜椿芳.简明不列颠百科全书第7卷[M].北京:中国大百科全书出版社,1986:323.

```
区域层面：代表国家，推行"理想的课程"
    ↓
  学校层面：基于本校，规划"正式的课程"
      ↓
    科组层面：立足学科，设计"理解的课程"
        ↓
      教师层面：深耕课堂，创生"实施的课程"
          ↓
        学生层面：聚焦学习，获得"经验的课程"
```

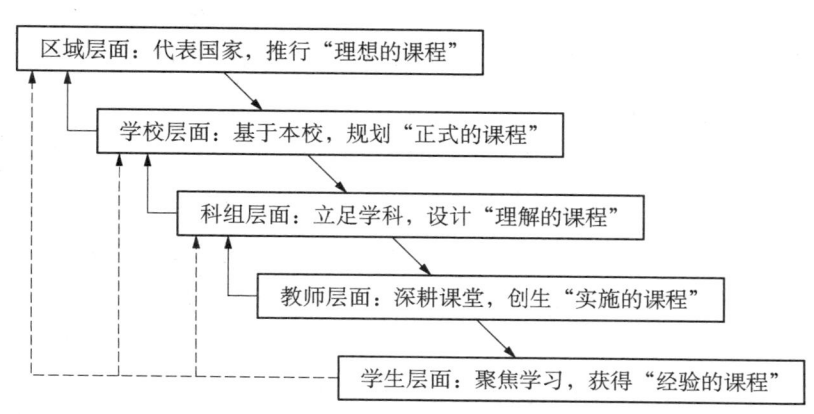

图1 区域课程改革的瀑布模型图

资源进行整合考虑，建构系统的区域课程变革框架。南昌市东湖区组织各层面专家学者以及校长头脑风暴，广泛听取意见，对区域课程改革进行了梳理和归纳，通过充分调查研究，出台了《南昌市东湖区教育科技体育局关于提升中小学课程品质的指导意见》。这是一份"理想的课程"如何落地的宣言书，该指导意见从意义、目标、重点工作和保障措施四个方面为区域课程改革提供操作性指导意见，其目标在于"实践导向、精细设计，以点带面、聚焦特色，整合力量、共同发展"，优化工作机制，整合教研、科研、培训、督导等方面的力量，培育一批有推广价值的课程改革经验，促进区域课程品质整体提升；重点工作聚焦在完善课程体系，加强课程建设，改进课程实施，促进课堂转型，构建多元评价体系等方面；本着"先行试点、积极探索、逐步推广、全面推进"的要求，积极稳妥地推进中小学课程改革，提升学校课程品质。应该说，通过区域课程改革政策设计，系统规划了区域课程改革，提高了区域课程改革的理解力和设计力。

2. 学校层面：基于本校，规划"正式的课程"

学校层面如何立足本校实际，推进课程深度变革呢？这一课程层级可以研制学校整体课程规划为抓手，规划"正式的课程"，进而提升学校课程领导力。南昌市东湖区每所学校均以校长为核心组建学校课程领导小组。学校课程领导小组牵头研制学校整体课程规划，建立与学校内涵发展相匹配的课程体系，提升学校课程品质。学校整体课程规划关注以下七个关键问题:(1)分析学校课程情境,明确学校课程变革的家底;(2)确定学校课程哲学,把握学校课程变革的价值取向;(3)厘定学校课程目标,引领学校课程方向;(4)设计学校课程框架,建构学校课程体系;(5)布局学校课程实施,转变课程育人方式;(6)改进学校课程评价,提升学校课程品质;(7)探索学校课程管理,保障课程扎实落地。学校根据自身实际情况,以内涵发展为中心,通过整体课程规划,优化学校课程结构,设计适合学生发展的课程体系,有逻辑地推进学校课程变革。① 学校课程变革是一个不断研究、深化的过程,学校整体课程规划本质上是以校长为核心的领导团队关于课程的价值判断力、目标厘定力、框架建构力、实施推动力和管理保障力的探索过程,是课程领导团队通过研究系统规划"正式的课程"的过程。

3. 科组层面:立足学科,设计"理解的课程"

学校是有明确职能分工的科层组织,学科教研组是其中最重要的业务组织。学科教研组层面如何立足学科,设计"理解的课程",便是这一课程层级需要思考的问题。在南昌市东湖区,我们推进学校学科教研组研制学科课程群建设方案,促进教师理解课程的真谛,进入课程领域,发现课程的意义。立足学校与学科实际,学科课程群建设方案主要从以下六个维度进行设计:(1)确定学科课程哲学,把握学科课程价值观;(2)厘定学科课程目标,细化学科核心素养要求;(3)设计学科课程框架,活化学科课程内容;(4)布局学科课程实施,转变学科学习方式;(5)改进学科课程评价,提升学科课程品质;(6)探索学科课程管理,保障学科课程落实。实践证明,学科是中小学教师的专业家园,学科教研组组长是学科课程建设的带头人,是学科课程的主要决策者。通过学科课程群建设方案的设计,带领学科教师走进课程世界,在课程实践中不断建构分享型组织文化,是一所学校课程变革的一个重要维度。

4. 教师层面:深耕课堂,创生"实施的课程"

教师即课程,教师的课程理解决定着教师的教学行为。教师创生课程是专业自主权发挥的体现,是个性化教学生成的重要标志。有学者认为"教师即课程"有

---

① 杨四耕.学校课程变革的逻辑与深度[J].中小学教育(人大复印资料),2016(7):45-47.

两个内涵:其一,教师是课程的内在要素,是课程的有机组成部分;其二,教师是课程的创造者,创造课程是教师的责任。① 立足课堂教学,教师创生着最现实、最富有实践感的课程,也就是"实施的课程",其中包含师生关系在内的隐性课程、学科知识的经验再现课程以及拓展延伸的生成课程等表现形态。在南昌市东湖区,我们倡导教师从四个方面激活课程:一是培育课程敏感,让教师在课堂教学中,富有学科育人意识,有迅速捕捉课程资源的机智,充分发展课程的意义;二是提出教学主张,让教师把握学科本质,深化课程理解,对学科课程的理解,在一定意义上就是对学科本质的探寻;三是立足儿童成长,让课堂洋溢生命感,让课程成为给予儿童最重要的礼物,成为支持学生的创造和生长的资源;四是激活课程创生,在鲜活的教育情境中创生课程,践行"教师即课程"的美好追求。从静态知识观到生成课程观,从知识的预设到课程的创生,教师在课堂教学中充分发挥课程实施的主体创造性,实现对课程的情景性理解和把握,全面增值课程的育人价值,这就是"深耕课堂"的意涵,这就创生了"实施的课程"。

5. 学生层面:聚焦学习,获得"经验的课程"

"经验的课程"是学生实际体验到的课程,是儿童经验的改组和改造,是课程运行的最终归宿和效果落实。为了丰富学生的学习经历,促进儿童获得有价值的"经验的课程",在南昌市东湖区,我们强调以下四点。其一,准确把握学科知识的育人价值。学科知识是系统化的人类经验,有其特别的价值。我们倡导以生动的事实与学科知识有机结合的"课程微处理",让儿童从经验中学习,"行动就变成尝试,变成一次寻找世界真相的实验;而承受的结果就变成教训——发现事物之间的联结"。② 其二,实现学科知识和学生经验的全面联结。课程既包括静态的知识体系,也包括动态的学习过程,知识体系和经验世界共同构成了课程的风景,促进二者的融通是经验增值的途径。没有学生的经验活动过程,学科知识只是"死的符号",是没有意义的。其三,寻找课程内容与学生经验的最佳结合点。学科知识中的概念归纳、逻辑推理、事理演绎,都必须以学生的生活经验为基点,使学科知识贴近儿童

---

① 陈丽华.教师即课程:蕴涵与形式[J].课程·教材·教法,2010(6):10.
② (美)约翰·杜威.民主主义与教育[M].王承绪,译.北京:人民教育出版社,1990:149.

的生活体验,让知识逻辑变为学生可感的经验表达,促使琐碎的经验事实不断地向系统的知识逻辑发展。其四,引导学生进行真实的经验探索和评述。经验是具体的尝试过程,学生不能在被动静听中获得经验,只有在亲自"做"的过程中才能发展出真实的经验。教学要为学生提供经验探索的环境,引导学生主动尝试、积极求索,在发现问题和解决问题中获得经验,表述和评价经验的形成过程和成果。

综上所述,区域课程改革是镶嵌于上述五个"课程层级"中的若干不同主体、不同事件和活动构成的系统运作过程,由上至下构成了一个瀑布式课程推进模型。瀑布给人雄伟、壮观的印象,大家可以想象一下这样的画面:瀑布的上方有个储水池,溪流源源不断地往储水池注水,当池面水位达到一定高度,就会在水池边沿溢出,形成壮观的瀑布场景。溪水倾泻到瀑布底端后,又流进了一个储水池,当水面达到一定高度后又会溢出流入下一个水池,如此一层层往下流动,形成连续的瀑布场景。区域课程变革过程也像这样一个瀑布流,在每个"课程层级"都需要经历"储能"的过程,就像溪水流入每一个储水池,都需要时间积累和事件增值,当水位达到一定高度才发生溢出效应。

事实上,区域课程改革是通过设计一系列阶段性项目任务而展开的,从问题界定到需求分析,从项目确定到策略选择,从项目推进到评估反馈,每一个阶段的项目任务都有明确的内容,都会产生瀑布效应。课程改革项目进程从一个阶段"流动"到下一个阶段,逐步落实与推进,并溅起无数"浪花",形成整体"水幕"的过程,我们可以称之为瀑布式课程改革过程。[①] 从深层次看,瀑布式课程改革是课程政策由外部向内部、由宏观向微观、由理念构建向实践创新转换的关键所在,整个过程包含界定问题、需求定位、项目聚焦、策略选择、触点变革、项目推广、评估反馈等阶段。通过瀑布式推进,区域课程改革氛围可以浓郁起来,课程改革项目可以落地有声。

杨四耕
2020 年 6 月 18 日于上海市教育科学研究院

[①] 杨四耕.区域课程改革的瀑布式推进[N].中国教师报,2017-8-16(13).

目录

前言 | 让每一个孩子心灵澄明敞亮　　　　　　　　　　　　　／ 001

第一章 | **致良知：** 母语学习的内在价值　　　　　　　　　／ 001

千圣皆过影，良知乃吾师。"致良知"教育是一种走心的教育，所不虑而知者，其良知也。王阳明曰："圣人行事如明镜，物来则照而已。"他认为，"致良知"就是致吾心内在的良知。这里所说的"良知"，既是道德意识，也指最高本体。良知人人具有，个个自足，是一种不假外力的内在力量，能唤醒心灵的钥匙。我校的"知言语文"坚持以"知言"为始，达于"养气"之目的。"知言"即辨别语言文辞是非美丑的鉴赏能力。语言鉴赏是一把开启智慧的金钥匙，学生可以从中吸收中华文明的精髓，从而为提高自己的文学素养打下牢固基础；亦能让中华传统文化的精髓深入学生的心灵，唤醒学生心灵的力量及内在的良知，更能让学生在知言语文中享受文学、涵养正气、放飞心灵。

第一节　由"知言""养气"为浩然　　　　　　　　　／ 002
第二节　集"知言""养气"于一身　　　　　　　　　／ 005
第三节　绘"知言""养气"之蓝图　　　　　　　　　／ 010
第四节　编"知言""养气"五色道　　　　　　　　　／ 017

第二章 | **得秀气：** 审美教育的生命张力　　　　　　　　　／ 037

人秉其秀气，故人心自秉其精要。审美教育自是承载教育之精要，它是通过审美认知和审美体验，最后直指教育的人文本体——审美生命教育。生命教育是个体内在精神的召唤与心灵情感的陶冶，是审美教育的本质与灵魂。直面生命本体的教育,才能真正唤醒个体精神和主体人格,从而实现人的全面发展。生命的本质是超越于人的感官世界的精神生活,它给予我们生活崇高的价值与意义。引导孩子用审美态度对待生命才是生命教育的灵魂。我们设计的"灵动音乐"正是坚持以音乐审美为核心,以兴趣爱好为动力,激发学生对音乐的兴趣,不断提高学生的音乐素养,丰富学生的精神生活,为学生提供适当的审美体验,从而陶冶情操、启迪智慧;同时开发学生的创造性发展潜能,提升创造力;并传承民族优秀文化,增进学生对世界音乐文化丰富性和多样性的认识和理解。

第一节　孕育多彩灵动生命　　　　　　　　　　　／ 038
第二节　感悟音乐的真善美　　　　　　　　　　　／ 040
第三节　谱写多彩灵动乐章　　　　　　　　　　　／ 046
第四节　奏响多彩灵动旋律　　　　　　　　　　　／ 061

第三章 | **秉精要:** 逻辑思维的清晰精到　　　　　／ 079

一如古人所言"今世教童子读四子书者,往往摘注精要者读之"、"读书初如不措意,已尽得其精要",人心自秉其精要。我校将数学学科课程理念定位为"人文数学",学生不仅掌握必备的基础知识和基本技能、形成抽象思维和推理能力,还体会数学的历史性、艺术性和趣味性及相应的人文价值,激发学生不断进行数学探索的热情。我们希望数学教育不仅仅是"$1+1=2$"的单纯知识传递过程,它还是一种展示人类理性探索求知精神的潜移默化的影响过程,是一种数学文化历史的传承过程,是一种完善人格的教育过程。

第一节　感受数学智慧　　　　　　　　　　　　　／ 080
第二节　欣赏数学智慧　　　　　　　　　　　　　／ 084
第三节　生成数学智慧　　　　　　　　　　　　　／ 086
第四节　造就智慧人生　　　　　　　　　　　　　／ 101

第四章 | **行正道：** 身心健康的活跃姿态 / 117

王阳明说："空谈误事，唯有做，才是正道！"他认为："变化气质，居常无所见，惟当利害、经变故、遭屈辱，平时愤怒者，到此能不愤怒；忧惶失措者，到此能不忧惶失措，始是能有着力处，亦便是用力处。"这就需要内心的无比强大。而内心之强大，来自于坚定的信念。有了坚定的信念，才能从容面对人生所有的逆境和苦难，亦能坚持在逆境中行正道。我们以"悦动体育"为课程的核心理念，"悦"即体育运动要开心、快乐，围绕健壮、健美、健康的目标，每名学生都积极地参与到体育活动中来。在体育活动中滋养健康的身心，练就强大的内心和坚定的信念，涵养出浩然正气，这是人的精神脊梁，是抵御歪风邪气的屏障。

第一节　增进身心健康　　　　　　　　　　　　　　 / 118

第二节　体验运动乐趣　　　　　　　　　　　　　　 / 121

第三节　演绎健美人生　　　　　　　　　　　　　　 / 127

第四节　拥有健康体魄　　　　　　　　　　　　　　 / 138

第五章 | **顺天地：** 高瞻远瞩的文化视野 / 149

阳明先生云："目无体，以万物之色为体；耳无体，以万物之声为体；鼻无体，以万物之臭为体；口无体，以万物之味为体；心无体，以天地万物感应之是非为体。"目应观万物，心应感万物，清醒地认识万物，而能心怀豁达，高瞻远瞩，提高人的生命之美。学习英语可以更好地了解世界，学习先进的科学文化知识，促进思维发展，丰富认知方式，传播中国文化，增进学生与各国青少年的沟通和理解。我校的"乐雅英语"课程群以胸怀世界的信念给学生提供视觉方面真实的经验，通过大量的听和读来感受英语的发音韵律和语言的整体结构，感受到英语言的原味及内涵；带领学生了解中外文化异同，加深对中国文化的理解，进而拓展文化视野，形成文化交际意识和初步的跨文化交际能力。

第一节	擘画世界语言之宏图	/ 150
第二节	做扬中国文化之使者	/ 153
第三节	构建七彩斑斓之世界	/ 158
第四节	担负世界文化之使命	/ 169

第六章 ｜ **向光明：** 澄明敞亮的探究精神　　　　／ 193

王阳明曰："此心光明，亦复何言！"又云："君子之学，惟求得其心。"王阳明认为教育的作用是"明其心"。他指出："君子之学以明其心，其心本无昧也，而欲为之蔽，习为之害，故去蔽与害而明复。"无论是"学以去其昏蔽"，还是"明其心"，其实质是相同的，教育的目的是为了去除物欲对良知的遮蔽，因此需要拂去心上的尘土，使得本心再显，心向光明，心灵澄明敞亮。"知行物理"课程的核心价值是留给学生终身受益的物理思维模式，学会运用物理知识解决生活中问题的习惯将是学生终身自带之能力。知行物理，知必表现为行，不行不算真物理。学生拥有在生活中利用物理知识解决实际问题的能力，具备创新意识，养成对物理发展过程、物理发展的科技前沿关注的习惯，如此"知中有行，行中有知"，"知行合一"，受益终身。

第一节	知行合一培兴趣	/ 194
第二节	格物致知提素养	/ 199
第三节	学思结合重拓展	/ 202
第四节	问题探究促成功	/ 215

后记　　　　／ 227

前 言

让每一个孩子心灵澄明敞亮

南昌市阳明学校坐落于美丽的青山湖畔,是一所有50余年办学历史的九年一贯制学校,以阳明先生的思想智慧为引领,我校提出"让每一个孩子心灵澄明敞亮"的办学理念,以实现"致良知教育",彰显"学思结合,知行统一"的校园文化氛围。这为学校课程改革奠定了教育思想基础。

我校以加强教师队伍建设为工作重点,以提高教师教科研水平为追求目标,形成了"比学赶帮超"的进取态势。在现有教师队伍中,研究生学历7人,江西省巾帼建功标兵1人,南昌市五一劳动奖章获得者1人,省、市德育标兵6人,市优秀班主任、优秀辅导员、骨干教师10人,学校还拥有市、区学科带头人、中心组成员5人。20余人次参加全国、省、市、区教学竞赛及教科研比拼均获一等奖。特长突出、爱好广泛、综合素质高的教师个体在"帮扶带"的理念下带出了阳明学校优秀的教师队伍,这为学校课程变革提供了优质的教师资源。

一、 学校教育哲学

我校校名取自明朝著名的政治家、哲学家、教育家王阳明。他在政治学、哲学、教育学等方面多有建树和创新。王阳明晚年曾说:"吾生平讲学,只是'致良知'三字。"又说:"近来信得'致良知'三字,真圣门正法眼藏。"[①]他认为一切事物及其规律都包括在"致良知"之中,"故良知之外,别无知矣"。王阳明在谈到教育的作用时,要求人们向内心去寻找先天存在的道德。其实我们

---

① 车运景.探析王阳明"致良知"的教育哲学思想[J].继续教育研究,2008(1):78—79.

每一个人，都有这种先天的道德，只因后天的物欲尘俗，将我们的良知蒙蔽了。由此作为教育工作者，我们既要帮助学生"致良知"，也要能够身体力行"致良知"。

要使受教育者获得良知，教育者首先应有良知。真正的知识分子常常被视为社会的良知，那是因为在他们身上最明显地体现了人类的良知。而一名合格的教育者承担着教书育人的使命，承载着人类的现在与未来。唯有具备良知，才会有爱心、责任心、向善心，才会传递正确的价值观，才会将受教育者导向自由、自信而又崇高的人生境界。

王阳明的"致良知"与教育者的"致良知"殊途同归。王阳明指出："良知之在人心，无间于圣愚"，要达到"致良知"，必须首先从"致"上下功夫，即要有志，树立远大目标和理想。"致知"与"力行"必须统一，这便是"知行合一"，是"良知"与"致良知"实践的统一。王阳明认为"致知"，除"立志"外，还要有正确的学习态度，应当谦虚戒傲。他曾说"谦者众善之基，傲者众恶之魁"，"不以聪慧警捷为高，而以勤确谦抑为上"，就是教导人们要谦虚谨慎、志存高远。

王阳明还指出："凡攻我之失者，皆我师也；安可以不乐受而心感之乎？……使吾而是也，因得以去其非，盖教学相长也。"认为师生之间或同道朋友之间，存在着取长补短、相互学习的关系。作为一位有良知的教师，应该不断地充实自己，不断学习新的知识，才能够给予学生更多；还应该因材施教，不能用一把尺子衡量所有的学生，要学会发掘每个孩子身上的闪光点。

在阳明先生思想智慧的启迪下，我校明确提出自己的教育哲学为"致良知教育"。在我们看来——

"致良知教育"是富有良心的教育。人本来就是真善美的，存有先天的善端。"致良知"是治疗精神荒芜、恢复人性真善美的一剂良药。

"致良知教育"是众人平等的教育。王阳明说："夫道，天下之公道也；学，天下之公学也。非朱子可得而私也，非孔子可得而私也。"这意味着人人有求知为学的权利。

"致良知教育"是追求本心的教育。"致良知"是一种走心的教育，通过学习圣贤遗留下来的精神财富,不断练"心",擦去"心"之尘埃,达到唤醒本心的目的。

基于对王阳明哲学思想的理解,我们慢慢地形成了如下教育信仰:

我们坚信,

人的资质不同,施教不可躐等;

我们坚信,

是非之心,不待虑而知,不待学而能;

我们坚信,

用心做事、爱心育人是优秀教师的特质;

我们坚信,

致良知、得秀气、秉精要是教育最美的姿态;

我们坚信,

让每一个孩子心灵澄明敞亮是教育的神圣使命。

基于上述教育哲学,我们提出学校的办学理念:"让每一个孩子的心灵澄明敞亮。"

在贯彻国家课程、地方课程的前提下,立足学校的发展,我校以"致良知"文化作为学校的核心文化,把"致良知"作为育人之本。以活动为源,以质量为基,培养高素养的"致良知少年",建设具有"致良知"教育特色的品牌学校。基于此,我校提出了"致良知,得秀气,秉精要"的课程理念。

课程即获致良知。"所不虑而知者,其良知也",本指一种天赋的道德意识。其细化为一曰"知耻",二曰"知愧",三曰"知恩"。我们的课程将帮助学生认识自己,发现自己的优势。

课程即涵养秀气。得秀气,意指塑造灵秀之美,教师学生亦如此。课程为孩子提供各种各样经历的机会和平台,在互动交流中、在体验操作中、在角色演练中获得真知和发展,涵养秀气。

课程即秉其精要。学校秉承"致良知"的精髓,构建多样化的课程,满足学生动态发展的需求,全面提升学生的素养,塑造学生纯真善美的优良品质。

因此,我们将学校课程定为"致良知课程",在"致良知"文化的引领下,师生共成长，教师和孩子都能够"学以去其昏蔽"，发明本心所具有的"良知"。

而如何达致良知？王阳明认为"良知"与"力行"是统一的。在知与行的关系上，他强调要知，更要行，知中有行，行中有知。所谓"知行合一"，二者互为表里，不可分离，知必然要表现为行，不行则不能算真知。我校深受阳明思想熏陶，孕育了深厚的办学文化底蕴，凝练出校训"学思结合知行合一"，这已经成为每一位阳明人努力奋进的内驱力，更为学校课程改革和内涵发展奠定更坚实的思想与文化基础。

二、学校课程目标

我们培养心胸开阔、大气豁达、具有良好的道德品质的阳明好少年。这里的孩子性格开朗、活泼灵秀、拥有健康的体魄，顽强的意志力；他们不仅有丰富的知识，还知愧、知恩、知耻，有正确的人生观、价值观；更懂得实践出真知、劳动光荣的观念，掌握了丰富的劳动技能。

我们把"亮堂堂、活泼泼、有良知、能力行"这四个育人目标进行细化，形成不同年段的课程目标。（见表1）

表1　学校课程目标表

育人目标 \ 课程目标	一、二年级	三、四年级	五、六年级	七、八年级	九年级
亮堂堂	初步养成讲礼貌、守纪律的行为习惯；能主动结交好朋友。	养成关心他人、认真负责、诚实勤俭的良好品德。	养成勇敢正直、合群协作等良好品德。	懂得为人处事的基本准则，具有遵守社会公德意识和文明行为习惯。	拥有强烈的社会责任感，具有诚实、守信的品格和良好的行为习惯。

续　表

育人目标＼课程目标	一、二年级	三、四年级	五、六年级	七、八年级	九年级
活泼泼	兴趣爱好较为广泛；积极参与体育锻炼活动，感受体育锻炼活动给自己带来的乐趣。	形成较为固定的兴趣爱好；积极参与体育锻炼活动，感受运动的快乐，提高不怕吃苦的意识。	有一到两个固定的兴趣爱好，并能坚持训练；养成坚持参与体育锻炼的习惯，发扬吃苦耐劳的精神。	坚持训练自己的兴趣爱好，活跃身心；养成坚持参与体育锻炼的习惯，发展体育锻炼兴趣项目，初步具有坚忍不拔的意志。	坚持训练自己的兴趣爱好，陶冶情操；爱护生命，形成健康的体育锻炼习惯和生活方式，形成乐观、坚韧的生活态度。
有良知	初步体验学习的愉快，培养良好的学习习惯和兴趣；初步养成关心同学、诚实不说谎话的品德，初步具有分辨周围生活事物的是非能力。	具有初步阅读、表达和运算能力，形成浓厚的学习兴趣，并有主动学习的愿望；进一步提高分辨周围事物的是非一步提高思想品德自我教育能力。	具有良好的阅读、表达和运算能力，养成良好的学习习惯，有学习兴趣；初步形成道德评价能力，能辨别生活中一般事物的是非，有正义感。	具有基本的分类、推理、归纳、演绎和价值判断的能力，有正确的学习方法，有自主学习的愿望；具有遵守社会公德的意识和文明行为习惯。	具有初步的创新精神和实践能力，有正确的学习方法和思辨能力，主动学习；成为有理想、有道德、有文化、有纪律的社会主义公民，具有正确的人生观、价值观。

续表

育人目标 \ 课程目标	一、二年级	三、四年级	五、六年级	七、八年级	九年级
能力行	培养对问题的兴趣，养成爱动脑筋的好习惯；认识常见的劳动工具，培养劳动意识。	感受探究的乐趣，培养不怕挫折的精神；认识劳动工具，掌握其正确的使用方法；树立正确的劳动观念。	热爱科学，具有初步的技术意识、创新意识；学会使用工具、仪器，在探究实践过程中，掌握技能。	乐于动脑，保持浓厚学习兴趣，能熟练将所学运用于实践，学有所长；养成动脑、动手的好习惯，具有良好的劳动习惯。	热爱生活，积极主动进行实践，有独特个性的解决问题的方法与策略；掌握基本的劳动技能，具有坚韧的劳动品质。

三、学校课程体系

学校基于"致良知教育"之哲学以及学校课程目标，设置了"致良知课程"体系，包括语态雅课程（语言与交流类）、智态新课程（逻辑与思维类）、创态慧课程（科学与探索类）、美态姿课程（艺术与审美类）、健态稳课程（体育与健康类）、德态勤课程（自我与社会类）六大类课程（见图1）。

我们根据"致良知课程"，结合学校课程资源情况，对课程的内容体系进行系统设置（见表2）。

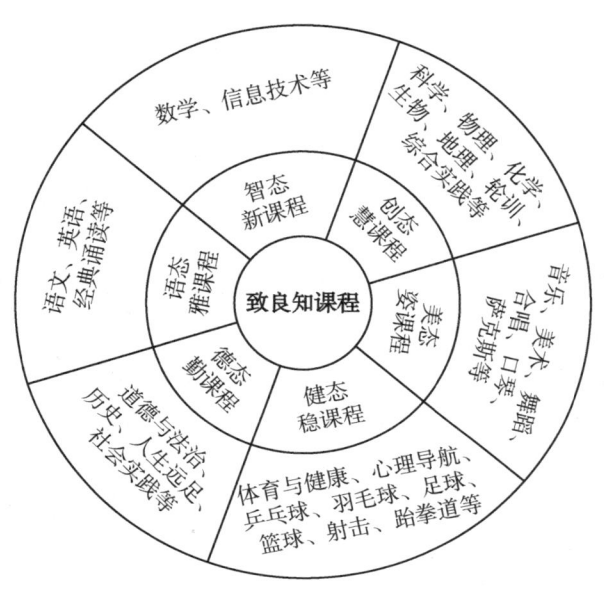

图1 学校课程结构图

表2 学校课程设置表

课程名称		语态雅课程	智态新课程	创态慧课程	美态姿课程	健态稳课程	德态勤课程
一年级	上	语文 走进拼音王国 英语儿歌 《弟子规》 ……	数学 信息技术 奇妙的数世界	科学 综合实践 纸飞机 ……	音乐美术 舞蹈合唱 创意课堂 ……	体育与健康 心理导航跳绳 跆拳道足球 灵活的小宝贝 ……	道德与法治 社会实践 走进大自然 入学开笔礼 ……
	下	语文 绘本阅读 英语儿歌 《弟子规》 ……	数学 信息技术 教室里的数学	科学 综合实践 轮训 ……	音乐美术 舞蹈合唱 创意课堂 ……	体育与健康 心理导航 跆拳道足球 跳房子 灵活的小宝贝 ……	道德与法治 社会实践 走进大自然 ……

续　表

课程名称		语态雅课程	智态新课程	创态慧课程	美态姿课程	健态稳课程	德态勤课程
二年级	上	语文 走进故事城堡 英语歌曲 《笠翁对韵》 ……	数学 信息技术 计算大本营	科学 综合实践 走进大自然	音乐美术 舞蹈合唱 萨克斯 奇趣童心	体育与健康 心理导航 跆拳道乒乓球 羽毛球丢沙包 ……	道德与法治 社会实践 走进图书馆 ……
	下	语文 我会演课本剧 对对子 英语歌曲 《笠翁对韵》 ……	数学 信息技术 走进超市 ……	科学 综合实践 轮训 ……	音乐美术 舞蹈合唱 萨克斯 奇趣童心 ……	体育与健康 心理导航 跆拳道乒乓球 羽毛球五子棋 ……	道德与法治 社会实践 阅读之路 深深思念情 ……
三年级	上	语文 英语 走进阅读乐园 快乐ABC 经典咏流传 ……	数学 信息技术 数学"妙"世界 ……	科学 综合实践 垃圾分类 ……	音乐美术 舞蹈合唱 萨克斯 快乐美术 ……	体育与健康 心理导航 跆拳道乒乓球 足球踢毽子 ……	道德与法治 社会实践 探寻历史之旅 ……
	下	语文 英语 我是小导游：美丽的学校 英语歌谣 经典咏流传 ……	数学 信息技术 零花钱的去处 ……	科学 综合实践 轮训 ……	音乐美术 舞蹈合唱 萨克斯 快乐美术 ……	体育与健康 心理导航 跆拳道乒乓球 足球跳短绳	道德与法治 社会实践 探寻历史之旅 我爱妈妈

续 表

课程名称		语态雅课程	智态新课程	创态慧课程	美态姿课程	健态稳课程	德态勤课程
四年级	上	语文 英语 走进表演世界 英语小歌谣 古诗吟诵 ……	数学 信息技术 数学小主人 ……	科学 综合实践 奇妙的风 ……	音乐美术 舞蹈合唱 萨克斯 画心飞扬 ……	体育与健康 心理导航 跆拳道乒乓球 羽毛球 双人跳绳 ……	品德与社会 社会实践 家乡的名胜古迹 ……
	下	语文 英语 我是小导游：美丽的家乡 英语小报 古诗吟诵 ……	数学 信息技术 校园里的图形 ……	科学 综合实践 寻找春天 轮训	音乐美术 舞蹈合唱 萨克斯 画心飞扬 ……	体育与健康 心理导航 跆拳道乒乓球 羽毛球 双人跳绳 ……	品德与社会 社会实践 家乡的名胜古迹 关注弱势群体 ……
五年级	上	语文 英语 走进作者内心 英语小故事 《论语》 ……	数学 信息技术 数学应用家 ……	科学 综合实践 害虫的天敌	音乐美术 舞蹈合唱 萨克斯 魅力美术	体育与健康 心理导航 跆拳道羽毛球 篮球射击 玩转悠悠球 ……	品德与社会 社会实践 科技之旅 ……
	下	语文 英语 我是小导游：美丽的祖国 英语配音秀 《论语》 ……	数学 信息技术 菜场里的学问 ……	科学 综合实践 寻找春天 喷气式火箭 轮训	音乐美术 舞蹈合唱 萨克斯 魅力美术	体育与健康 心理导航 跆拳道羽毛球 篮球射击 玩转悠悠球 ……	品德与社会 社会实践 科技之旅 十岁成长礼 ……

续 表

课程名称		语态雅课程	智态新课程	创态慧课程	美态姿课程	健态稳课程	德态勤课程
六年级	上	语文 英语 走进经典大门 世界经典名著 《滕王阁序》 ……	数学 信息技术 数学总动员	科学 综合实践 模型建造	音乐美术 舞蹈合唱 萨克斯 多元艺术 ……	体育与健康 心理导航 跆拳道羽毛球 篮球射击	品德与社会 社会实践 走进江西造
	下	语文 英语 我是小导游：美丽的世界 英语课本剧 《滕王阁序》 ……	数学 信息技术 生活中的几何	游学 综合实践 模型建造 吹不灭的蜡烛轮训 ……	音乐美术 舞蹈合唱 萨克斯 多元艺术 ……	体育与健康 心理导航 跆拳道羽毛球 篮球射击	品德与社会 社会实践 走进江西造 72行小状元 ……
七年级	上	语文 英语 走进名师大家 口语训练营 《论语》 ……	数学 信息技术 建筑中的数学	生物地理 走进植物王国 无线电 ……	音乐美术 舞蹈合唱 口琴 我爱剪纸 ……	体育与健康 心理导航 跆拳道射击	道德与法治 历史 社会实践 探访名人故乡 ……
	下	语文 英语 英语课本剧表演 金话筒：说说身边的大事小情 《论语》 ……	数学 信息技术 数独	生物地理 废旧电池的回收与利用 无线电	音乐美术 舞蹈合唱 口琴 我爱剪纸 ……	体育与健康 心理导航 跆拳道射击	道德与法治 历史 社会实践 探访名人故乡 ……

续 表

课程名称		语态雅课程	智态新课程	创态慧课程	美态姿课程	健态稳课程	德态勤课程
八年级	上	语文 英语 走进文人墨客 口语训练营 《初中古诗文读本》 ……	数学 信息技术 生活中的几何 ……	生物物理 保护珍稀动植物 模型建造 ……	音乐美术 舞蹈合唱 口琴 立体纸模的魅力 ……	体育与健康 心理导航 跆拳道射击 ……	道德与法治 历史 社会实践 了解红色故土 ……
	下	语文 英语 金话筒：点评身边的大事小情 英语作文 《初中古诗文读本》 ……	数学 信息技术 我来设计书房 ……	生物物理 野菜文化 吹出五彩缤纷的泡泡 模型建造 ……	音乐美术 舞蹈合唱 口琴 立体纸模的魅力 ……	体育与健康 心理导航 跆拳道射击 ……	道德与法治 历史 社会实践 了解红色故土 ……
九年级	上	语文 英语 走进外国名著 口语训练营 《朝花夕拾》 ……	数学 信息技术 电影里的数学 ……	生物物理 化学 共享无烟世界 ……	音乐美术 舞蹈合唱 口琴 走进国画 ……	体育与健康 心理导航 跆拳道 中考体育项目 ……	道德与法治 历史 社会实践 走进故乡戏曲 ……
	下	语文 英语 辩论会 英语诗歌 《朝花夕拾》 ……	数学 信息技术 电影里的数学 ……	生物物理 化学 生活中的简单机械原理 ……	音乐美术 舞蹈合唱 口琴 走进国画 ……	体育与健康 心理导航 跆拳道 中考体育项目 ……	道德与法治 历史 社会实践 走进故乡戏曲 ……

四、学校课程实施

我校从"致良知课堂""致良知学科""致良知社团""致良知节日""致良知文化""致良知之旅""致良知整合""致良知空间"八方面入手,践行"致良知教育"及"让每一个孩子的心灵澄明敞亮"的理念,实施"致良知课程",见证"致良知,得秀气,秉精要"。课程评价就是引领"致良知课程"开发的启明星,是把握六大类课程设计的风向标,是支撑课程实施效果的"伞骨架"。课程的实施与评价体现了对课程理念的贯彻与执行,是一个行动的过程,是通过课程行动将课程的意识形态转化为老师和学生的行动,从而实现课程内在的意义。

特别是,学校以"致良知学科"来推进学科课程建设和实施。学科课程是指教师根据基础课程自主开发的适合学生自我需求的课程。"致良知学科"便是将国家规定的基础课程和教师开发的拓展课程结合在一起,形成的"1+X"学科课程群。"1+X"学科课程群建设。"1"指的是一门基础型课程,"X"指的是教师围绕基础课程自主开发的基于儿童需求,指向核心素养突出学科特点的多门延伸课程,打造"致良知学科"。

而对于"X"课程群,我校从两方面入手:一方面通过挖掘学科内部或学科之间的逻辑来构建专业的学科课程群;另一方面充分利用地域特色来渗透多门学科。各学科教师基于特色追求,根据对学科的独特理解、独特优势、独特资源,开发、打造拓展课程群。由此,我校"知言语文""人文数学""乐雅英语""创意美术""灵动音乐""悦动体育"课程群建设日趋完善。

"知言语文"坚持以"知言"为始,以"能力"为终,坚持"鉴赏与创造"相结合。最终目标是培养学生的语言鉴赏能力和与之相关的语言运用能力。语文鉴赏是一把开启智慧的金钥匙,学生可以从中吸收中华文明的精髓,从而为提高自己的文学素养打下牢固基础。

"灵动音乐"培养学生的创新意识和创新能力,让音乐课充满活力,让教师充满魅力,让学生充满动力。引领音乐课堂创新的主导者是教师,只有音乐教师的教学理念不拘一格,富有新意,音乐课才会灵动起来。在音乐教学中,教师摒弃陈旧的固化模式,培养学生敢于"求异"、善于"思辨"、勇于"探索"、乐于"创造"、富于"幻想"的精神。

"人文数学"从人文文化的视角看待数学,聚焦于数学的历史所蕴含的人文精神与智慧、数学与艺术的结合所创生的截然不同的审美意蕴,以及数学游戏、魔术那富含趣味,充满挑战和想象力的特质。

"悦动体育"是乐学、主动、有思想的体育。每个孩子都应该以开心的状态投入到课程中。开心、快乐让孩子们乐于思考,敢于尝试,塑造自我。在"悦动体育"学科活动中,他们积极参与主动学习,自我提高。

"乐雅英语"培育学生的心灵品质,争取让每一个孩子都亮堂堂、活泼泼、有良知、能力行,努力培育具有中国情怀、国际视野和跨文化沟通能力的具有大国风范之青少年,落实"立德树人"的根本任务。课程不仅有利于学生更好地了解世界,还能促进他们更好地理解和传播中国文化,坚定文化自信,鉴赏国外优秀文化,促进思维发展,形成正确的人生观、价值观和良好的人文素养,学习平和客观地理解中国和世界、人类与自然的共生共融。

"知行物理"是指保护学生追求事物规律原理的欲望。培养学生的理性思维,引导学生崇尚真知,理解和掌握基本的科学原理和方法,不畏权威,不迷信标准答案。遇事能够独立思考、独立判断,思维缜密,能多角度、辩证地分析问题,不意气用事,客观公正地看待事物的发展规律。保持勇于探究未知事物的欲望,有坚持"不"的探索精神,决不半途而废,大胆尝试,积极寻求有效解决问题的方法。

学校坚持发展素质教育,充分利用学校和社会的课程资源,优化课程结构,全面体现办学理念的特色教育体系。学校在品质课程建设中,积极营造阳明文化氛围,让师生们体悟到、创造出一种潜在的浸润于整个校园的精神风范。今天,阳明文化的形成是阳明人内化于心,外化于行的一个由表及里,由量变到质变的不断积累,不断升华的渐进过程,也成为学校所有成员的精神追求与力量源泉。

为了保证学校品质课程建设扎实有效地开展,在"致良知课程"的研发与实施过程中,学校建立健全以下四项基本制度:

一是审议制度。教师提出课程申请,提交课程纲要。课程领导小组民主审议并填写审议表,然后向申报人反馈审议结果并跟踪指导。申报者修改完善后进行二次申报,二审后公布结果。审议通过的课程,才能进行实施。

二是考核制度。将"每位教师至少开发或参与一门校本课程的开发和实施"作为学校绩效考核的内容之一,将教师课程开发和课程实施情况与绩效工资挂钩。

三是课程成果展示制度。每学年开展一次校本课程成果展示活动,由学生来展示他们在校本课程中的收获、体验和成长。

四是推广制度。定期评选的优秀课程要通过"校内推广""媒体宣传""社区辐射""参加高级别评选"等形式进行展示交流,为其更好地发展积累经验,从而引领其他课程的品质,以点带面促进全面提升。

唯有"知"阳明,方能"行"文化;唯有"明"心学,方能致良知。"致良知教育"的大幕已拉开,"致良知课程"的蓝图已描绘,"致良知,富良心,育良材"的征程已开启。我们坚信在"致良知教育"的影响下,一批批"亮堂堂、活泼泼、有良知、能力行"的"致良知少年"正在茁壮成长!

罗先凤

2020 年 1 月

第一章

致良知

母语学习的内在价值

千圣皆过影,良知乃吾师。"致良知"教育是一种走心的教育,所不虑而知者,其良知也。 王阳明曰:"圣人行事如明镜,物来则照而已。"他认为,"致良知"就是致吾心内在的良知。 这里所说的"良知",既是道德意识,也指最高本体。 良知人人具有,个个自足,是一种不假外力的内在力量,能唤醒心灵的钥匙。 我校的"知言语文"坚持以"知言"为始,达于"养气"之目的。"知言"即辨别语言文辞是非美丑的鉴赏能力。 语言鉴赏是一把开启智慧的金钥匙,学生可以从中吸收中华文明的精髓,从而为提高自己的文学素养打下牢固基础;亦能让中华传统文化的精髓深入学生的心灵,唤醒学生心灵的力量及内在的良知,更能让学生在知言语文中享受文学、涵养正气、放飞心灵。

赏语言之味养浩然之气

南昌市阳明学校语文组，现有教师 30 人，其中中小学高级教师 3 人，中小学一级教师 12 人。有江西省三项文化先进个人 1 人，南昌市优秀教育工作者 1 人，南昌市优秀辅导员 1 人，南昌市素质教育工作先进个人 1 人，南昌市骨干教师 1 人，南昌市"五四"青年 1 人，南昌市东湖区学科带头人 1 人，东湖区优秀教师 4 人，东湖区优秀班主任 3 人，东湖区师德标兵 2 人。学校语文教研组成员，在王阳明先生的"致良知"的熏陶下，秉承"知言养气"的语文课程理念，以教研组为单位开展教学研究，开展听课、评课和磨课活动，定期组织阳明文化大讲堂、教师基本功展评，充分发挥团队合作的力量，积极参与各级各类教育教学活动，使语文组的老师形成一定的教学风格，语文课堂也深受孩子们喜爱。

第一节 由"知言""养气"为浩然

一、学科价值观

《论语·尧曰篇》："不知言，无以知人也。"《孟子·公孙丑上》："何谓知言？曰：诐辞知其所蔽，淫辞知其所陷，邪辞知其所离，遁辞知其所穷。"所谓"知言"，是指辨别语言文辞是非美丑的能力。"知言"与"养气"的关系，孟子虽然没有直接阐述，但对于原文细加咀嚼，就可以体会到"知言"植根于"养气"。人的道德修养与思想认识提高了，自然会加强辨别语言文辞是非美丑的能力。王阳明先生认为每个人都有良知，这源自于孟子所说的"恻隐之心，人皆有之；羞恶之心，人皆有之；恭敬之心，人皆有之；是非之心，人皆有之"。王阳明进一步发挥，认为良知人人皆有，个个自足，是一种不假外力的内在力量，而且良知无所不能。通过良知，一个人就可以自发而本能地知道什么为是，什么为非，什么是善，什么是恶。《孟子·告子章句下》说道"人皆可以为尧舜"，王阳明认为像尧舜那样的圣人，普通人通过自身的努力也可以达到的，并不是高不可攀，可望而不可及的。他又说："天地虽大，但有一念向善，心存良知，虽凡夫俗子，皆可为圣贤。"一个人只要心有善念，心存良知，即使是身份卑微的凡夫俗子，也可以成为圣贤。

《义务教育语文课程标准（2011年版）》指出："语文课程是一门学习语言文字运用的综合性、实践性课程。义务教育阶段的语文课程，应使学生初步学会运用祖国语言文字进行交流沟通，吸收古今中外优秀文化，提高思想文化修养，促进自身精神成长。工具性与人文性的统一，是语文课程的基本特点。"据此，我们认为，语文课程的核心价值是工具性与人文性兼顾。"工具性"着眼于培养学生语言运用能力的实用功能和课程的实践性特点，指向的是运用与实践，也就是我们所说的"知言"；而"人文性"着重于语文课程对学生思想感情熏陶感染的文化功能和课程所具有人文学科的特点，人文性指向的是学生的习得，以及在习得中获得的思想情感和文化情怀的熏陶，也就是我们所说的"养气"，"知言"与"养气"的统一也就是工具性与人文性的统一。

二、 学科课程理念

依据《义务教育语文课程标准（2011年版）》文件精神，结合我校语文学科学生学习的实际情况，以及王阳明先生的"致良知"理论，我们提出以"知言"为核心的语文学科课程理念。

历代学者关于"知言"理论内涵的阐释，大致涉及以下四方面内容：一是对于自己所说的话，知道它的确切意思，所以敢于讲出来；二是自己在表达意见时理直气壮；三是知道怎么表达自己的意见；四是善于辨析各种错误的言辞。①

查阅《辞典》,"知言"有三种解释:一指有见识的话;二谓善于辨析他人之言辞;三指知音。本文在此取第二种。《论语·尧曰篇》:"不知言无以知人也。"《孟子·公孙丑上》:"何谓知言?曰:诐辞知其所蔽,淫辞知其所陷,邪辞知其所离,遁辞知其所穷。"所谓"知言",是指辨别语言文辞是非美丑的能力。知言与养气的关系,孟子虽然没有直接说明,但对于原文细加咀嚼,就可以体会到"知言"植根于"养气"。人的道德修养与思想认识提高了,自然会加强辨别语言文辞是非美丑的能力。"知言"与"养气"的统一照应了语文学科工具性与人文性的统一。

此外,"知言"是学习效法古代圣贤的主要途径。孔子说:"见贤思齐焉。"《易·大畜·象传》写道:"君子以多识前言往行,以蓄其德。"与此相似,孟子也曾提出:"取诸人以为善,是与人为善者也。"在他看来,加强道德修养最切实可行的方法就是:"舍己从人,乐取于人以为善。"他还说:"圣人,百世之师也。伯夷、柳下惠是也。故闻伯夷之风者,顽夫廉,懦夫有立志。闻柳下惠之风者,鄙夫宽,薄夫敦。奋乎百世之上。百世之下,闻者莫不兴起也。""孟子道性善,言必称尧舜"其思想根源就在于此。可见,在孟子看来,我们要"养气",就必须学习和效法以尧舜为代表的古代圣贤。进一步看,由于古代圣贤已逝,我们无法当面聆听其教诲,因而孟子就将"知言",能读懂古人留下的诗书等典籍,当成是我们了解古人、效法古人的重要途径。因此,"知言"也就成了"养气"的前提和基础。

——"知言语文"坚持以"知言"为始。"知言"指辨别语言文辞是非美丑的能力,即鉴赏能力。众所周知,"审美鉴赏与创造"是语文核心素养构成的要素之一。"审美鉴赏与创造"是指语文的审美鉴赏活动,强调的是学语文、用语文的语用审美教育。因为"语言建构与运用"的语用过程,也是"审美鉴赏与创造"的审美过程,语言运用和审美鉴赏是同构于一体的。所以强调在

---

① 周甲辰.论"知言养气"说的理论内涵及其文本接受思想[J].云南民族大学学报(哲学社会科学版),2008(3):97.

语用教学中要培养学生的语文鉴赏能力和审美素养。从美学角度说,审美即鉴赏。审美就是对文本感受、体验、理解的鉴赏活动。这种审美鉴赏活动是以文本解读为基点的,即通过对作品的品味和感悟,既理解文本,又建构自我。所以,审美鉴赏本质上"寻求理解和自我理解"的解读活动。所谓"寻求理解",即重在寻求作者的原意,可说是"还原性审美鉴赏";所谓"自我理解",即重在"独到的体验",是对文本意义的建构,可说是"创造性审美鉴赏"。[①]

——"知言语文"坚持以"能力"为终。"知言语文"最终目标是培养学生的语言鉴赏能力,以及与之相关的语言运用能力。语文鉴赏是一把开启智慧的金钥匙,学生可以从中吸收中华文明的精髓,从而为提高自己的文学素养打下牢固基础。

——"知言语文"坚持"鉴赏与创造"相结合。语文的核心素养包括四个维度:语言的建构与运用、思维的发展与提升、审美的鉴赏与创造、文化的理解与传承。审美的鉴赏与创造是指语文的审美鉴赏活动,强调的是学语文、用语文的语用审美教育。柏拉图曾说过,真正的美并不在物中,而是在心中。我们的眼睛可以看到物的美,但看不到理念的美。看到理念的美是一种特殊的能力,这种特殊的能力便是审美能力。审美感受能力极为复杂,有先天的遗传因素,但它更主要来源于后天的学习和培养。培养学生的审美能力,有助于他们形成高尚情操,愉悦精神,美化心灵和启迪智慧,会让他们获得更多的幸福,达到更高的境界。

第二节 集"知言""养气"于一身

《义务教育语文课程标准(2011年版)》指出:"语文课程致力于培养学生

[①] 祁志祥.中国古代文论中的审美鉴赏[J].中国中外文艺理论学会年刊,2010(00):352.

的语言文字运用能力,提升学生的综合素养,为学好其他课程打下基础;为学生形成正确的世界观、人生观、价值观,形成良好个性和健全人格打下基础;为学生的全面发展和终身发展打下基础。语文课程对继承和弘扬中华民族优秀文化传统和革命传统,增强民族文化认同感,增强民族凝聚力和创造力,具有不可替代的优势。"

基于对语文课程学科性质的认识,我校语文以"知"为始,以"言"为终,在习得中运用,在运用中培养学生的语文素养。语文学科课程分别从"识字写字、阅读、写作、口语交际、综合性学习"五方面入手,结合实际情况制定以下目标。

一、学科课程总体目标

根据《义务教育语文课程标准(2011年版)》的要求,学校语文学科课程的总体目标是:热爱祖国的语言文字,学会汉语拼音,认识3 500个左右常用汉字。有浓厚的阅读兴趣,能够自然地朗读,结合生活环境运用多种阅读方式研读文本,在鉴赏中体悟语文,鉴赏与创造共生。阅读中有独特的感受、体验和理解。能够利用阅读期待、阅读反思和批判等环节,拓展思维空间,提高阅读质量,养成终身阅读的习惯。通过阅读文本,心灵受到深刻的浸润,道德情操获得健康发育,生命获得升华与超越,达到"知言养气"的境界。学习观察、思考、表达和创造的方法,在实践中学习和运用语文,流畅地用书面语言进行表达。能够在真实的情境中倾听、表达与交流,文明地进行人际沟通和社会交往。借助新技术和多种媒体开展跨领域学习。

二、学科课程年级目标

根据《义务教育语文课程标准(2011年版)》的要求,结合我校语文学科课程总目标以及一至九年级的教材、教参,我们将语文课程年级目标设置如下(见表1-1)。

表1-1 "知言语文"年级目标表

年级目标	识字写字	阅读	习作与表达	口语交际	综合实践
一年级	学会汉语拼音,借助汉语拼音认识常用汉字700个,正确书写300个。	阅读3万字以上的儿童作品,展开想象,获得情感体验,感受并积累优美的语言。	对写话有兴趣,留心周围事物,写自己想说的话,写想象中的事物。	认真听别人讲话,能讲述小故事和自己感兴趣的见闻。	对周围事物有好奇心,能就感兴趣的内容提出问题,结合课内外阅读共同讨论。
二年级	熟记《汉语拼音字母表》,借助字典认识常用汉字1 500个左右,正确书写汉字762个。养成良好的书写习惯。	课外阅读不少于3万字,掌握默读的方法,积累和背诵自己喜欢的成语、格言警句和优秀诗文。	会利用逗号、句号和自己积累的词语写自己想说的话,并用普通话复述,态度大方有礼貌。	能自信地表达,结合语文学习,观察大自然,用口头或图文等方式表达自己的观察所得。	热心参加校园、社区活动。结合活动,用口头或图文等方式表达自己的见闻和想法。
三年级	利用字、词典等工具累计认识常用汉字2 000个,会写汉字1 237个。字体规范、端正、整洁,姿势正确。	体会课文中关键词句表达情意的作用。初步把握文章的主要内容,积累背诵30篇优秀诗文,课外阅读量不少于30万字。	不拘形式地清楚写下自己的见闻、感受和想象,能用简短的书信、便条进行交流。	能用普通话交谈,学会认真倾听,并提出学习和生活中的问题,有目的地搜集资料,共同讨论。	能在老师指导下组织有趣味的语文活动,在活动中学习语文,学会合作。

续表

年级目标	识字写字	阅读	习作与表达	口语交际	综合实践
四年级	有主动识字的习惯,累计认识常用汉字2 500个,会写汉字1 600字。能使用硬笔熟练地书写正楷字,做到规范、端正、整洁。	能复述大意,初步感受作品形象和语言,在诵读优秀诗文过程中领悟诗文大意,积累背诵30篇优秀诗文,课外阅读量不少于30万字。	尝试在习作中运用,学习修改习作中有明显错误的词句,根据表达的需要,正确使用冒号、引号等标点符号。	听人说话能把握主要内容,并能简要转述。能清楚明白地讲见闻,说出自己的感受和想法,讲述故事力求具体生动。	用书面或口头表达自己的观察所得。在家庭生活、学校生活中,尝试运用语文知识和能力解决简单问题。
五年级	累计认识常用汉字2 750个,会写汉字2 234字,有良好的书写习惯,硬笔书写楷书,力求美观。默读一般读物每分钟不少于300字。	初步领悟文章的基本表达方法,诵读优秀诗文,体味作品的内容和情感。背诵优秀诗文30篇。课外阅读总量不少于50万字。	养成观察的习惯,积累习作素材,进行创作。能写简单的记实作文和想象作文,并分段表述。学写读书笔记,学写常见应用文。	听人说话认真、耐心,能抓住要点简要转述,并乐于参与讨论,敢于发表自己的意见。	初步了解查找资料、运用资料的基本方法,学习辨别身边的是非、善恶、美丑。
六年级	累计认识常用汉字3 000个左右,会写汉字2 500个,硬笔书写楷书,力求美观,并有一定的速度。能用毛笔书写楷书,体会汉字的优美。	阅读文学作品,了解事件梗概和基本说明方法,体会作品的情感,抓住要点,并找出有价值的信息。背诵优秀诗文30篇。课外阅读总量不少于50万字。	善于自我表达和与人交流。习作有一定的速度,做到语句通顺,行款正确,书写规范。根据表达需要,正确使用常用的标点符号。	表达有条理,语气、语调适当。能根据对象和场合,稍作准备,作简单的发言。语言美,抵制不文明的语言。	尝试写简单的研究报告。策划简单的校园活动和社会活动,对所策划的主题进行讨论和分析,学写活动计划和活动总结。

续　表

年级目标	识字写字	阅读	习作与表达	口语交际	综合实践
七年级	借助注释和工具书,阅读浅易文言文,能掌握一定数量的文言文实词、虚词和句式。	把握语文基础知识,提高听、说、读写的能力,养成正确思维和运用语文工具的习惯。	把握朗读的特点,用流畅的普通话和适合的语气、语调,恰当地表达出文本的思想。	学会观察和发现自然景物的特点,捕捉对自然景物的独特的审美感悟,并用恰当形式把它们表达出来。	能进行大胆的想象和科技制作,树立创新意识,有探索精神。
八年级	能熟练地使用字典词典独立识字,会用多种检字方法。累计认识并会写常用汉字3 500个。	默读要有一定的速度,能根据要求筛选信息。	掌握比喻、拟人、夸张、排比、对偶、反复、设问、反问等常见的修辞方法并学会运用。	能够发表自己独特的看法,并有理有据说清楚。	有自己的思想,能够辨别是非和善恶。
九年级	使用硬笔熟练地书写正楷字基础上,学写规范、通行的行楷字,提高书写的速度。临摹名家书法,体会书法的审美价值。	阅读时要有自己的见解和想法,能够批注自己的见解。	习作有一定的速度,做到语句通顺,行款正确,书写规范。有独特的见解。	懂得如何抓住特征来介绍事物。	策划大型校园活动和社会活动,对所策划的主题进行讨论和分析,学写活动计划和活动总结。

第三节　绘"知言""养气"之蓝图

基于"知言语文"的学科课程理念和课程目标,我校语文课程设置分为基础性课程和拓展性课程。基础性课程旨在培养学生终身发展和适应未来所需的共同基础,是共性教育。拓展性课程主要培养学生的个性化学习需求,发掘学生的学习潜能,促进特色的形成。鉴于此,下面将从学科课程结构和课程设置两方面对我校语文学科课程框架进行论述。

一、学科课程结构

依据《义务教育语文课程标准(2011年版)》五大板块的设置模式,"知言语文"从"知言汉字""知言诵读""知言习作""知言口语"以及"知言综合实践"五方面设置学科课程(见图1-1)。

图1-1　课程结构图

（一）知言汉字

《义务教育语文课程标准（2011年版）》指出：识字与写字是第一学段的教学重点，也是贯穿整个义务教育阶段的重要教学内容。我校的"知言汉字"立足于激发学生识字写字的兴趣，引导学生正确地运用汉字、规范地书写汉字，体会汉字的博大精深；了解汉字的历史，热爱祖国的文字，为汉字文化感到自豪。与此同时，在习得中实践，我们开展各种语文实践活动，鼓励学生办字报、读字报，进行字报展评，督促学生写规范、美观的汉字。

（二）知言诵读

诵读经典古诗文，如《大学》《中庸》《论语》《传习录》和《道德经》等。经典古诗文作为中华民族的文化瑰宝之一，其语言生动凝练，内涵博大精深。如果仅靠纯翻译、满堂灌是汲取不到古诗文的精华的。为了更好地内化古文美好的语言，获得美的感悟和享受，我们在指导古诗文阅读时，要有意识地积累、感悟和运用，以提高鉴赏品位和审美情趣为方向，阅读文学名著。[1] 苏霍姆林斯基说："阅读——这是思维和智力发展的渊源之一。"阅读，是帮助孩子成功获得知识的工具，又是丰富精神生活的源泉。在阅读中习得，并通过经典片段剧展示、画思维导图等活动方式，在实践中提升学生的语文素养。

（三）知言习作

"知言语文"的"知"包含两个维度：一是知他人之言，善于辨析他人之言辞，从他人优秀的言论中汲取营养；另一方面是知己之言，是指自己该如何辨别自己的言论，避免出现错误。"知言语文"在习作中体现为多阅读、多积累，多吸收优秀作品中的养分，并能正确、恰如其分地把养分运用在自己的文章当中，来表达自己的真实情感、理想观点。

依据中小学阶段学生的年段特点，"知言习作"就是要引导学生留心观

---

[1] 杨裕华.浅谈古诗文的情趣化诵读[J].基础教育论坛,2015(27)：32.

察,多阅读,积累语言经验并学习表达自己的真情实感,让文字在学生的笔尖流淌,让情感在文字的一笔一画中浸润他们的童年。

(四) 知言口语

以语文课本为依托,结合生活,创设情境,营造多元、多维、多方的语言环境,给予学生丰富的口语实践体验。在主题的选择上,以贴近学生的生活体验、学习体验、阅读体验为主,培养学生运用语言文字的能力,实现能表达、善表达,在口语实践活动中,锻炼学生倾听、表达、转述、交流的能力,让学生学会和世界、社会打交道的方式。通过开展讲故事、演讲等各种活动,创造真实的情境,通过引导师生、生生互动交流,加强学生实践交际本领,培养学生的口语交际能力。

(五) 知言综合实践

搭建课内课外的桥梁,内容为校园内外的语文实践活动,激发学生的思维,鼓励动手、动脑、动口,拓宽他们的学习思路。紧密结合书本学习与综合实践,培养学生的组织能力、协作能力、实施能力。以多种形式的综合实践活动为载体,促进学生良好个性品质的构建。

二、学科课程设置

依据学科课程结构,"知言语文"学科课程设置如下(见表1-2)。

表1-2 "知言语文"学科课程设置表

内容 年级		知言汉字	知言 经典诵读	知言习作	知言口语	知言 综合实践
一年级	上学期	汉语拼音儿歌、顺口溜	《动物绝对不应该穿衣服》《大头儿子小头爸爸》《阳明家训》	我爱看图说话	帮助家长做家务该怎么说	我爱做贺卡

续 表

年级\内容		知言汉字	知言经典诵读	知言习作	知言口语	知言综合实践
	下学期	汉字听写大赛	《神笔马良》《愿望的实现》《七色花》	我爱讲故事比赛	到图书馆看书借书应该怎么做；怎样有礼貌地请求别人帮忙	寻找校园里的阳明文化
二年级	上学期	识记方法（加一加、减一减、换一换）	《没头脑和不高兴》	教师节	有趣的动物	与阳明文化有关的手抄报
	下学期	识记方法（加一加、减一减、换一换）	《了不起的狐狸爸爸》	清明节	长大后做什么	学做美食
三年级	上学期	游戏识字、汉字的演变过程	《安徒生童话》《格林童话》	续写或改编童话	我与童话经典有个"约会"	童话剧表演
	下学期	引导独立识字，查字典、词典	《中国古代寓言》《伊索寓言》	我最喜欢的寓言故事讲给你听	《中国古代寓言》新译	给我喜欢的寓言故事插图
四年级	上学期	字理识字	《滕王阁序》《传习录》	年味里的亲情	向你推荐一本好书	听同学讲阳明先生
	下学期	字理识字	《论语》	英雄城的革命名胜	学习雷锋精神	南昌革命故事

续　表

年级\内容		知言汉字	知言 经典诵读	知言习作	知言口语	知言 综合实践
五年级	上学期	字理识字	《诗经》 《传习录》	运动会开幕式	我爱看的革命影视作品	革命英雄的读书故事
	下学期	字理识字	四大名著	发言稿	劝说	八大山人馆里的名人形象
六年级	上学期	字理识字	鲁迅系列作品	鲁迅的故事	鲁迅作品读后感	轻叩诗歌的大门
	下学期	字理识字	沈石溪动物小说	中国的民族文化	我最喜欢的少数民族是……	探寻南昌阳明文化遗迹
七年级	上学期	汉字的演变	朱自清系列作品	朱自清的故事	朱自清作品读后感	探寻滕王阁
	下学期	汉字的演变	朱自清系列作品	中国的民族文化	我最喜欢的少数民族是……	探寻滕王阁
八年级	上学期	汉字的演变	《大学》	走进王阳明	谈谈致良知	触碰世界名著
	下学期	汉字的演变	《大学》	走进王阳明	谈谈致良知	触碰世界名著

续表

年级\内容		知言汉字	知言经典诵读	知言习作	知言口语	知言综合实践
九年级	上学期	汉字的演变	《中庸》	中华民族文化	我最爱的名著	走近婺源
	下学期	汉字的演变	《中庸》	中华民族文化	我最爱的名著	走近婺源

课程示例 1

国学经典诵读课程纲要

一、课程背景

国学经典是中华文化中最优秀、最精华、最有价值的典范性著作。通过诵读活动帮助学生了解中华传统文化经典,接受传统文化和人文精神熏陶,长远地默默地变化其气质。在吟诵中继承和发扬中华经典文化的精髓,使得中华文明薪火相传,生生不息。小学时段是孩子记忆的黄金时期,如果有效地开发,就会发现这是一个极其丰富的矿藏。

我校围绕"致良知"的课程理念,将"知言课堂"与"知言经典诵读社团"相结合,利用早读课和课后社团实施国学经典诵读课程。经典诵读在充实学生的文化底蕴,提高学生的艺术品位和语文素养上具有独特的功能。为此,我们引领学生亲近经典,走进经典,在不断提高学生语用能力的同时,潜移默化地促进学生精神成长。

二、课程目标

(一)了解中华文明,传承优秀文化,弘扬民族精神,塑造其良好的思想品德、健全其人格修养，使其充满自信，勇于挑战自我，乐观面对生活。在读古文、背古诗的过程中，弘扬中国传统文化，培养爱国情感。

（二）让优秀传统文化走进校园、走进课堂、走进生活，形成人人爱国学，人人学国学的良好氛围，养成良好的生活习惯，形成敦厚善良的心性。

三、课程内容

本课程选取适合一至六年级学生诵读的国学经典为内容，让学生通过诵读和表演等多种形式学习国学经典，塑造其良好的思想品德，健全其人格修养。

一年级：《小学生必背古诗70首》中的10首、《阳明家训》

二年级：《小学生必背古诗70首》中的20首、《三字经》

三年级：《小学生必背古诗70首》中的30首、《增广贤文》

四年级：《小学生必背古诗70首》中的40首、《论语精摘》《千字文》

五年级：《小学生必背古诗70首》中的50首、《声律启蒙》《笠翁对韵》

六年级：《小学生必背古诗70首》中的60首、《滕王阁序》《传习录》

七年级：《橘颂》《京师得家书》《房兵曹胡马》《示子侄》

八年级：《汉乐府民歌》《莲花》《涉江》《岁末到家》

四、课程实施

（一）实施原则

1. 勤于积累，学以致用的原则。教学设计要注重课内与课外、校内与校外相结合，学以致用，逐步引导学生从积累走向运用，使国学成为学生血液里真正的营养。

2. 与特色活动相结合的原则。通过丰富有特色的活动，让学生在活动中学国学，提高其学习国学的兴趣。

3. 精选精读，取其精华的原则。适应新时期的发展需要，有利于学生的身心健康，取其精华，去其糟粕，选读精彩华章，不提倡老师全盘照搬。

4. 简单和易于操作的原则。不强迫，不压制，顺其自然，通过各种有趣的方法和形式激发学生参与实验的兴趣，不断优化实施策略，使其更为合理、有趣。

5. 适时适龄，多元主体评价原则。教材内容的设计贴近学生生活；根据不同年龄段学生特点设计不同年级评价体系，进行多元主体的评价以及形式丰富的评价载体，以激发学生长期坚持，最终形成自身素养里重要的精神元素。

(二)实施措施

1. 时间安排：每周一次早读，由学校文学院的经典诵读老师以年级为单位集中学习。知言经典诵读社团的老师负责与早读的老师对接，每周举行一次相对应的活动对诵读进行巩固。

2. 教师安排：学校校本教师。

3. 活动安排：(1)每学期举行一次"国学经典诵读"研讨课活动，每次一节公开课。(2)每学期进行一次"国学经典诵读"质量检测活动，抽查各班学生诵读情况。(3)每学年举行一次"国学经典诵读"展示大赛。

五、课程评价

(一)对教师的评价：看教师是否依照学校安排按时上"国学经典诵读"早课，教学内容是否有计划，有无督促学生自主学习的措施(如"每日一句""每周一诗""每月一赛"等)。

(二)对学生的评价：大多学生能熟读成诵，背诵学过的内容；了解国学经典，了解中华文明，热爱祖国语言文字；能积极影响学生形成良好思想品德、健全人格修养。采取多样的互评形式，如同学相互进行抽查，谈一谈同学的变化，经典诗句接龙、飞花令，等等。

第四节 编"知言""养气"五色道

"知言语文"课程依据学科课程理念、课程目标、课程设置，本着知识性、实践性、趣味性、地方性的原则，从构建"知言课堂"、举办"知言语文节"、打造

"知言社团"、实施"知言经典诵读"、开展"知言实践活动"等五方面入手,依据学情,由浅入深,分年级、分学期实施。

一、构建"知言课堂",夯实语文基础

如何正确有效地让学生在语文课堂教学中提高艺术鉴赏能力和审美情趣？语文是一门重要学科,其本身蕴含丰富的审美因素,对陶冶学生的情操、培养学生的审美情趣和艺术鉴赏能力有着重要作用。而语文阅读教学恰恰是展现语文之美的重要环节,所以我们把重点放在阅读教学之上。在阅读教学中,教师不仅要让学生发现课文的外在之美,还要带领学生感受内涵之美,让学生与作者在情感上产生共鸣,在内外之美的共同感召下进行美的创造,提高学生的审美能力和欣赏品味。

车尔尼雪夫斯基说过:"美的事物在人心中所唤起的那种感觉,是类似我们当着亲爱的人面前时所洋溢于我们心中的那种愉悦。"语文教学就是要善于唤起学生心中的"那种感觉",并利用"那种感觉"所引起的"那种愉悦"去优化教学情境,逐步实现知能培养和人格教育的目的。

（一）"知言课堂"的实施

"知言语文"的课堂,让学生从理解文本入手,学习作者的表达方式,以及所要传达的人文情怀。同时,积累言语范式,以利迁移运用;积累言语素材,形成运用组块;在习得中实践,在实践中提升。

创设阅读鉴赏情境,这是现代课堂教学的重要共识。在语文教学过程中,如果我们能从鉴赏角度来教授教材文本,利用语文课进行审美教育,培养学生热爱生活和是非判断能力,对学生进行崇高情操和思想熏陶,促其形成初步的人生价值观,那么,语文的教化功能会更强大。这也是《义务教育语文课程标准(2011年版)》对语文课程社会性要求的体现之一。

中小学语文教材内容大多属于典范作品,具有极高的鉴赏价值,教师要以教材为基本依托,以校本课程和地方课程为重要辅助,对阅读鉴赏内容进

行多重筛选和整合,为学生提供更丰富的阅读鉴赏内容,以成功调动学生主动阅读学习的热情。因此,教师要深挖教材的审美,尤其是文学作品,备课环节要始终伴随着一种情境,通过自身的艺术感悟反复品味,形成独特的授课思路然后用之教学,通过多种手段生动再现教学内容,启发学生的形象思维,调动情绪,努力使学生获得精神美、自然美、艺术美和语言美等审美愉悦。在实施中要克服单纯传授知识的落后习惯,把语文课和美育有机结合,努力激发学生学习语文的快乐情绪,培养其独立思考和创新能力,让语文课堂成为学生领略美、鉴赏美、创造美的殿堂,开其智、养其性、冶其情。在具体操作中,教师可以为学生进行示范诵读、故事引导、问题设计、媒体展示等,让学生快速进入阅读鉴赏环境,并在多元互动中形成鉴赏能力。

"知言课堂"是以学生为中心的课堂。在课堂教学中,老师充分考虑到学生的个性特征与语文学科的专业特征,关注到全体学生的学习及个体的参与情况,让学生始终处于一种良好、和谐、愉悦的学习氛围中,提高学生的语文核心素养。

"知言课堂"是有语文味的课堂。教师要正确把握语文课程性质、特点及规律,突出"语用"功能,做到工具性与人文性统一,从而丰富学生的语言积累,培养学生的语感,发展学生的思维。

"知言课堂"是全面关注的课堂。教师既要关注全体学生语文知识能力的构建过程,还要关注每一个学生的学习、思维、情感特点,注重因材施教,实施分层教学,促进每一个学生积极思考、表达,自觉实践。

"知言课堂"是趣乐思辨的课堂。教师要善于利用教学资源,激发学生学习语言文字的兴趣,引导学生认真倾听别人的见解,有条理地表述想法,在阅读体验与语言发展中体现思维的条理性、灵活性、开放性和深刻性。

"知言课堂"是学做合一的课堂。教师将听说读写等语文实践活动与生活实际联系起来,利用多种渠道加强课内外结合,积极尝试运用语文知识和能力解决实际问题。

（二）"知言课堂"的评价

多元化的评价途径更符合学生的成长特点，有利于调动学生的热情，让学生发现自己的进步。同时评价也利于教师更深入理解"知言课堂"的理念，提升教师的专业素养，丰富教师的课堂经验，完善课堂的构成要素，实现师生相长。我们设计了"知言课堂"评价量表，以量化的方式对课堂进行评价（见表1-3）。

表1-3 "知言课堂"评价量表

学校			教师		班级				
内容					时间				
课堂元素		评价内容评价标准				评价等级				
					权重	A	B	C	D	得分
专业性 20分	语文素养	正确把握语文课程性质、特点及规律，突出"语用"功能；做到工具性与人文性统一；教学语言规范、富有感染力。			10					
	设计操作	课时目标准确，课型特色突出；评价着眼于提高学生语文素养，教学过程简约，采用启发式、探究式、讨论式、参与式教学，引导学生在语文实践活动中提高语文能力。			10					
全然性 15分	全面关注	关注全体学生语文学习的需要、特点和层次；关注全体学生语文知识能力的构建全过程；关注全体学生语文素养的形成，评价多元化，具有针对性。			7					
	全员参与	关注每一个学生的学习、思维、情感特点，注重因材施教，实施分层教学，促进每一个学生积极思考、表达，自觉实践；取长补短，重视自我全面发展，发言面不低于三分之一。			8					

续　表

课堂元素		评价内容 评价标准	评价等级					
			权重	A	B	C	D	得分
趣乐性 15分	氛围民主	营造民主和谐、生动活泼的语文课堂；善于利用教学资源，激发学习语言文字的兴趣，培养学生乐学品性。	7					
	体验愉悦	体验语言文字学习的成功乐趣，身心愉悦，增强信心，养成良好习惯。	8					
思辨性 15分	积极思考	围绕学习重难点独立阅读、思考，主动质疑问难；在阅读体验与语言发展中体现思维的条理性、灵活性、开放性和深刻性。	7					
	对话交流	认真倾听别人的见解，有条理地表述想法，愉快地与人分享学习成果，有效合作、互动、探究；善于辨别分析，乐于思维碰撞，富有个性。	8					
践习性 20分	联系生活	听说读写等语文实践活动联系生活实际；重视语文学习策略和方法的学习，语用训练做到适量、适度、针对性强。	10					
	学做合一	听说读写训练时间达25—30分钟以上，随堂书写量合理；利用多种渠道加强课内外结合，积极尝试运用语文知识和能力解决实际问题。	10					
化成性 15分	目标达成	基础知识掌握扎实，不同层次的学生都有收获，目标达成率不低于80%；初步学会运用语言文字进行沟通，写字能力、阅读能力、写作能力、口语交际能力有不同程度的提高。	10					

续　表

课堂元素	评价内容评价标准	评价等级					
		权重	A	B	C	D	得分
持续生长	丰富语言积累,培养语感,发展思维;体现祖国语言文字的熏陶、中华优秀文化的濡染和长远的育人效益。	5					
总评得分							
	等级				评价者		

备注：1. 评价人根据课堂教学的实际情况对各方面进行等级评价,A 等 90 分以上;B 等 80—89 分;C 等 60—79 分;D 等 60 分以下。

2. 根据评价情况与任课教师沟通,共同反思和分析课堂,找出优点和不足,促进教师和学生的共同发展。

二、举办"知言语文节"活动，提供展示和交流的空间

为了营造"知行合一"的校园文化氛围,给广大师生提供展示自我风采和相互交流的空间,中小学语文教研组定期在全校举办"知言语文节"活动。

（一）"知言语文节"活动的实施

通过开展丰富多彩的"知言语文节"活动,拓宽语文学习的途径,创新语文课程的实施途径,激发学生的语文学习兴趣,丰富学生的语文学习经历。

1. 阳明诗词大会。每年 5 月,通过校园"飞花令"海选出"诗词小达人",走上阳明诗词大会的舞台,通过"点字成诗""诗词接龙"以及"诗词填空"三个环节,进行诗词大比拼。竞赛内容都是与王阳明先生有关的诗词文化,让阳明文化在校园里传承。

2. 汉语言知识大讲堂。由学校文学院负责编写汉语言知识读本,各班语文老师在"知言语文节"期间,每天安排一堂语文课前五分钟进行读本知识点的学习,每周安排一次班级"汉语言知识知多少"交流分享会。其中,

96字的《阳明家训》就收录在汉语言知识读本中,让孩子们从小就习得阳明文化。

3. 名著伴成长。在知言语文节期间,各年级学生围绕本年级推荐的阅读书目开展"三个一"活动,即:演一个经典片段剧,做一份思维导图,写一篇读后感。语文老师及时对各项活动进行小结,将学生优秀作品在班级、年级、学校进行展示。

4. 汉字变变变。世界上只有汉字是唯一流传至今从未中断的文字,汉字在起源之时,实际上是一幅幅逼真的图画,为让学生感受汉字之美,初步知晓汉字构形理据,我们让学生通过收看"说文解字"视频,制作汉字小报,开展听写大赛等活动,来了解汉字的演变过程,更好地识记生字。同时,结合学校一学期一次的汉字听写大赛活动,与汉字亲密接触的同时学会欣赏汉字的悠久文化。

(二)"知言语文节"的活动评价

为扎实推进"知言语文节"活动的开展,学校制作了相应的评价表,由阳明文学院组织对"知言语文节"的相关活动进行评价(见表1-4)。

表1-4 "知言语文节"活动评价表

项目	评价标准	等级 (优良中下)	亮点	建议
主题	鲜明、新颖、有明确的指向性。			
内容	活动内容新颖,符合学生的年龄特征。			
形式	寓教于乐,有利于学生个性特长的展示。			
	层次分明,结构完整紧凑。			
	丰富多样,学生喜闻乐见。			
	环境营造得体,贴合活动主题。			

续　表

项目	评价标准	等级 （优良中下）	亮点	建议
过程	学生热情参与，主体作用发挥好。			
	循序渐进，反映学生的认识特点和情感发生规律。			
	教师引领学生有方，指导有度。			
效果	学生积极体验，深刻感悟，激起情感共鸣。			
	学生精神振奋，综合素养得到提升。			

三、打造"知言社团"，享受语文学习的快乐

"给我一个社团，绽放最美风采"。各种各样的社团深受孩子们的喜爱。将"知言语文"与社团活动相结合，在活动中提升语言鉴赏能力与运用能力。

（一）"知言社团"的实施

我校成立了"古诗词鉴赏社团""知言作文社团""经典片段剧展演社团"等语文学习社团，为孩子们提供多样化、个性化的自由展示空间，张扬个性，享受语文学习带来的快乐。"知言社团"在丰富校园文化，培养学生兴趣，发挥学生特长，拓展学生素质等方面发挥着越来越重要的作用。

1. 古诗词鉴赏社团。我国素有"诗的国度"之称，中华民族五千年的历史，在发展的过程中，形成了许多宝贵的财富。诗歌是我国古代文化中的"瑰宝"，在我国传统文化中占据十分重要的地位。为进一步实现古诗词的继承和发展，我校语文教研组开设了古诗词鉴赏社团。

古诗文鉴赏社团吸纳一些古诗文爱好者，社团会定期举办古诗竞背、古诗鉴赏活动。古诗竞背活动既考验学生已会的古诗文，还会比赛临场背诵，看谁背得最快、最准，一起交流背诵技巧。古诗鉴赏活动则是由社团学生就

某首诗与大家分享鉴赏技巧，品一品作者，想一想诗中所描写的意境，读一读诗人所运用的优美词句以及悟一悟诗中所蕴含的意境，等等。具体实施形式有以下几种：

巧用故事情境，激发学习兴趣。老师在开展古诗词教学中，可在传统诗词教学基础上，结合诗词的内容，创设一定的故事情境，将二者有机结合到一起，充分利用故事情境的形式，激发学生的学习兴趣，进而使其快速融入到中小学语文古诗词学习中。

通过朗诵诗词，感受诗词之美。古诗词意境优美，语言精练，在短短几十个字中，为读者勾勒出一幅精美的画面。同时，诗人在写作的过程中，也非常注重"平仄、对称、押韵"等特点。可以说，与普通的文章相比，古诗词读起来更加具有韵律美感。古诗词的这种意境美、韵律美都是需要学生在反复朗读中，才能逐渐体会到、感受到。基于此，教师在开展古诗词教学中，要充分结合学生的学习特点，积极开展朗读教学，使得学生在古诗词的反复朗读过程中，体会到古诗词的旋律美，并产生身临其境的感觉，体会古诗词的意境美。

展开丰富想象，体会诗词意境。古诗词最为明显的特点就是以精练的语言营造出极为深远的意境，短短几十个字中包含了诗人无限的情感。然而，在具体的小学古诗词教学中，受到小学生年龄、知识积累程度等因素的限制，很难与作者形成情感共鸣，进而给古诗词的学习带来一定的困难，因此，教师在开展古诗词教学活动中，必须要依照诗词中所描绘的画面，通过创设情境、图片、视频、音乐等方式，引导学生展开丰富的联想，并将自己置身于古诗词所描绘的意境中，进而更好地体会作者的情感，与作者形成情感共鸣。

融入节日文化，传承中华文化。古诗词是中国传统文化的凝练，在课本中有许多古诗词与中国的传统节日文化息息相关。基于此，教师在进行小学古诗词教学活动中，可将中国传统节日文化融入到古诗词教学中，使得学生对古诗词进行更好的把握，并在此基础上对中国传统文化进行更加全面、深层次的了解，进而自觉担负起传承中国文化的重任，实现语文核心素养的要求。

2. 知言作文社团。我们发现有部分孩子谈"作文"色变,提起笔无话可说。鉴赏教学,能够进一步加强对学生理性思维的教育工作,引导他们拥有属于自己的正确情感,使其写作内容更加丰富多彩,增强其文章的可读性。通过鉴赏教学,能让学生从多个角度去品味优秀的文学作品,进而提升写作水平,以进一步提升中小学语文作文教学质量。

根据我校语文学习的实际情况,结合"知言语文"言语运用理念,我们组建了作文社团。社团活动形式多样,有填句成诗,片段仿写,一题多构等多种方式让孩子们乐于动笔,乐于写作。还有一种同学们喜欢的社团课就是作文鉴赏课。

中小学语文作文鉴赏教学就是通过引导学生欣赏优秀的作文及读物,让学生在欣赏的过程当中,逐步激发学生的写作兴趣,养成学生良好的学习习惯及端正的学习态度,进而培养学生写作能力。让学生在鉴赏优秀的作文时,学会理性分析,同时在鉴赏教学的过程中,指导学生欣赏,激发学生的情绪反应,从而引发学生的情感共鸣,丰富学生的写作技巧及知识储备,使得学生在中小学语文鉴赏教学的过程当中,不断增强其学习的兴趣,并能够不断开拓其思维,培养其想象力,以此达到中小学语文作文教学的目的,提升中小学语文作文教学质量。

鉴赏优秀作文。基于鉴赏教学的中小学语文作文教学活动,可以借助新的教学方式来增强学生写作的兴趣,以加强学生的写作能力。例如,教师在给学生布置相应的作文题目之前,要充分结合小学生现有的知识储备及作文素材,确定学生训练的题目。同时准备一篇相关类型的范文,引导学生进行鉴赏学习。在鉴赏的过程当中,积极鼓励学生进行评价和探究。此外,在教学的过程中,教师可以选择一些学生所写的具有代表性的文章让学生进行鉴赏。在鉴赏的过程中,教师要注重学生的主导地位,以激发学生的写作兴趣,增强其写作技巧。

品读优秀课外书籍。在中小学语文作文教学中,为了提升学生的写作水平和写作能力,单依靠课本上的知识是远远不够的。这就要求教师在教学过程中,能够为学生选择一些优秀的读物,有特点的课外书籍来进行鉴赏教学。让学生在品读优秀作品的过程中,能够积累相应的写作经验及写作技巧,并能将其应用在自己的作文当中。因此,老师在选择课外书籍的过程中,要注意所选课外书籍的内容尽可能贴合课本。让学生在品读这些优秀课外读物的过程中,能够激发孩子们的创作灵感。鉴赏教学在一定程度上能够帮助学生明确写作的重点和意义,能够帮助学生把握写作要点,激发学生的写作兴趣。同时,在优秀作品的鉴赏过程中,让学生进一步掌握优秀的写作方法及写作技巧,进而不断地反思、学习,以增强其语言表达能力,提升学生的写作能力。

3. 经典片段剧展演社团。整本书阅读是我们学校语文组的一项常规活动,同学们喜欢将各种人物活灵活现地演出来,因此,我们成立了经典片段剧展演社团。社团定期共读一本好书,然后选取其中一个经典片段,大家一起来出谋划策。从剧本、服装、音乐到角色扮演,社团的孩子们兴趣盎然,通过展演表达自己对作品人物的理解。

每个学期,当新的一轮整本书阅读活动在全校展开时,师生们,甚至家长们都行动起来,纷纷参与到整本书阅读活动中来。读书与交流基本上利用晨诵、午读时光,或是班级读书会、乐教乐学平台、微信群等平台进行,以达到阅读资源共享、读书成果最优化。

我校的二楼演播室随时为社团开放,每个月都会有同学在此进行整本书阅读经典片段剧展演,孩子们用片段剧的形式来展示自己阅读整本书的成果。同时,我们社团也会加入东湖区举办的经典片段剧比赛中,在比赛中锻炼自己的能力。瞧,六个年级都带着六个片段剧来了,它们分别是一年级的《小猪唏哩呼啦》,二年级的《神笔马良》,三年级的《没头脑和不高兴》,四年级的《亲爱的汉修先生》,五年级的《草房子》,以及六年级的《汤姆·索亚历险记》。

(二)"知言社团"的评价

"知言社团"的评价主要从社团机构与管理、活动组织与开展这两个方面进行评价,采用每周的活动开展情况评价与学期末的综合评价相结合的方式,具体评价标准如下(见表1-5)。

表1-5 "知言社团"评价量表

项目	评 价 标 准	得分	评估方法
社团机构与管理	1. 社团管理体制完善,机构设置合理,制订符合学生实际的社团建设实施方案。(10分)		1. 实地查看 2. 材料核实 3. 师生座谈 4. 成果展示 5. 活动巡查
	2. 建立、建全并严格执行社团各项规章制度。(10分)		
	3. 社团会员人数适合,规模适度,成员资料档案齐全。(10分)		
	4. 指导教师认真负责。(10分)		
	5. 学生社团要突出学生的主体性和创造性,使学生在社团活动中自治自理、健康发展。(10分)		
	6. 社团活动空间固定,环境良好有相应的文化建设。(10分)		
活动组织和开展	7. 经常和定期开展社团活动,组织有序、记录完善。(10分)		
	8. 社团活动内容丰富,形式多样,体现实践性和综合性,有利于培养和锻炼学生多方面的素质,再现和表现校园文化精神。(10分)		
	9. 社团成员和集体活动成果显著。(10分)		
	10. 活动取得良好的教育效果,在学生中有一定的影响。(10分)		
		合计得分:	

四、开展"知言经典诵读",促进精神成长

国学经典是中华文化中最优秀、最精华、最有价值的典范性著作。通过诵读活动帮助学生了解中华传统文化经典,接受传统文化和人文精神熏陶,长远地默默地提升其气质。在吟诵中继承和发扬中华经典文化的精髓,使得中华文明薪火相传,生生不息。

中小学时段是孩子记忆的黄金时期,如果有效地开发,就会发现这是一个极其丰富的矿藏。每天早晨,老师走进教室带领学生进行诵读,保证每天的10分钟早晨诵读时间;此外,课前5分钟、放学离校前等零散时间,也是诵读的最佳时间。

在以经典诵读为内容的活动课中,让学生展示自己的才能和特长,孩子们的学习兴趣得到提高,知识领域得到了拓展。经典浸润人生,书香伴我成长。经典诵读犹如一道亮丽的风景。只要我们不断努力地把经典诵读活动坚持下去,一定会将中华文化传承下去,培养更加合格的人才。经典阅读在充实学生的文化底蕴,提高学生的艺术品位和语文素养上具有独特的功能。为此,我们引领学生亲近经典,走进经典,在不断提高学生语用能力的同时,潜移默化地促进学生精神成长。在进行经典诵读活动的过程中,可以采用多种方式:如诵读经常化,每日阅读,反复熟悉,读中感悟;诵读全员化,不仅是全体学生的参与,老师、家长也可以参与其中;诵读交流化,学生在诵读的过程中需要师长的点拨,同伴交流;诵读活动物质化,即通过物质环境营造诵读氛围,如学校宣传栏彰显国学经典的身影。[①]

(一)"知言经典诵读"的实施

经典诵读是我校深受孩子们喜爱的活动。我校遵照课外阅读课程化的原则,由罗先凤校长带领诵读团队,开展晨诵、午读、暮省活动,晨诵养正,午读启智,暮省养性。各年段具体安排如下(见表1-6)。

---

① 肖晓香.将国学经典诵读化为气质修养[J].读与写(教育教学刊),2012(7):222.

表1-6 "知言经典诵读"实施表

年级	内容	诵读内容	学习目标	活动形式
一年级	上学期	《动物绝对不应该穿衣服》《大头儿子小头爸爸》《阳明家训》	通过经典片段展演,营造浓厚的阅读氛围,提升学生语文水平,培养学生良好的语文素养。	自己读一读 师生和家长同读绘本
一年级	下学期	《神笔马良》《愿望的实现》《七色花》	通过经典片段展演,营造浓厚的阅读氛围,提升学生语文水平,培养学生良好的语文素养。	自己读一读 师生和家长共读
二年级	上学期	《没头脑和不高兴》	通过经典片段展演,营造浓厚的阅读氛围,提升学生语文水平,培养学生良好的语文素养。	和同伴互读、评价
二年级	下学期	《了不起的狐狸爸爸》	通过经典片段展演,营造浓厚的阅读氛围,提升学生语文水平,培养学生良好的语文素养。	和同伴互读、评价
三年级	上学期	《安徒生童话》《格林童话》	阅读经典,感受童话故事的美妙。	讲讲故事
三年级	下学期	《中国古代寓言》《伊索寓言》	激发学生阅读经典的兴趣,感受它们的魅力。	班级讲故事比赛 年级组讲故事比赛
四年级	上学期	《滕王阁序》《传习录》	吟诵、素读。	各种形式吟诵
四年级	下学期	《论语》	了解《论语》一书和孔子,使其深邃的儒家思想启发学生的心智,触动学生的心灵。	自己读一读 各种形式吟诵

续　表

年级＼内容		诵读内容	学习目标	活动形式
五年级	上学期	《诗经》《传习录》	掌握多角度鉴赏古代诗歌的方法，理解诗意，领会诗情。	各种形式吟诵
	下学期	四大名著	阅读经典，鉴赏写作方法。	写一写自己的读后感或书评等
六年级	上学期	鲁迅系列作品	阅读经典，走近鲁迅，鉴赏写作方法。	议一议心目中的鲁迅 读一读经典篇章
	下学期	沈石溪动物小说系列	阅读经典，走近动物的世界，感受动物的内心世界，鉴赏写作方法。	读一读经典篇章 演一演经典片段
七年级	上学期	朱自清系列作品	感悟散文之美。	议一议心目中的朱自清 读一读经典篇章
	下学期	朱自清系列作品	感悟散文之美。	议一议心目中的朱自清 读一读经典篇章
八年级	上学期	《大学》	阅读经典，感悟中华文化精髓。	读一读经典篇章
	下学期	《大学》	阅读经典，感悟中华文化精髓。	读一读经典篇章

续 表

内容\年级		诵读内容	学习目标	活动形式
九年级	上学期	《中庸》	阅读经典，了解中庸之道。	读一读经典篇章
	下学期	《中庸》	阅读经典，了解中庸之道。	读一读经典篇章

（二）"知言经典诵读"的评价

"知言诵读"课程的具体实施过程中，我们着重对学生的诵读情况从"阅读能力、想象能力、表达能力、创作能力"四个方面进行评价。其中，表达能力重点关注的是口语交际方面的表现，而创作能力则是书面表达方面的表现。具体评价内容如下(见表 1-7)。

表 1-7 "知言经典诵读"评价表

等级\内容	A	B	C
阅读能力	喜欢阅读，能自己读懂文字并理解文字表达的意思和情感。	喜欢阅读，在老师的引导下，能读懂文字并理解文字表达的意思和情感。	喜欢阅读，能读懂文字，对文字表达的意思还有一些模糊。
想象能力	能通过文字，发挥想象，想象丰富、合理。	在老师和同学的启发下发挥想象，但想象不是特别丰富。	很少能发挥自己的想象。

续　表

等级 内容	A	B	C
表达能力	声音洪亮。富有感情,内容完整,喜欢表达。	声音洪亮。内容完整,喜欢表达。	声音和内容欠缺。
创作能力	喜欢创作,内容丰富。	喜欢创作,但内容不够丰富。	喜欢创作,但内容欠缺。

五、开展"知言实践"活动，丰富语文生活

"知言实践"活动就是利用一切可以利用的条件为学生营造浓厚的文化氛围，让学生在多元的环境中通过各种渠道感受语文、学习语文。让孩子感到语文无处不在、无时不有，在充满真、善、美的环境中陶冶情操、健康成长。为了让孩子们走出校园，走出书本，体验学习形式的多元化，感受中华传统文化的博大精深，在社会实践活动中亲身体验，提高学生自身的思想文化素质。我校每学期会组织全体师生走出校门，参加社会实践活动。

社会实践是学生走向社会的一个很重要的锻炼环节，也是教育与实践相结合的具体体现。学生参加实践活动，对德智体本身来说是课堂教育的延续。社会实践活动是培养学生创新精神和实践能力、提升学生综合素质的良好载体，是实施素质教育的一种良好形式。社会实践活动具有实践性、开放性、生成性和自主性等特点，对学生综合素质的提升，特别是创新精神和实践能力的培养，提供了广阔的空间，是实施素质教育的良好载体。学生在社会实践的过程中，通过参与动手、思考、解决问题，等等，将所学的书本知识内化为自己的能力，全面提升学生的思想素质、求真精神和务实的品质；同时也培养了学生积极向上、热爱美好生活的优良心理品质。

（一）"知言实践"活动的开展

语文本身就是一门实践课程，"知言实践"在此界定为狭义的语文综合实践活动以及校园内外进行的语文实践活动。所有活动的实施时间安排在每周的综合实践课或各班综合实践老师自行安排时间。具体安排如下(见表1-8)。

表1-8 "知言实践"活动安排表

年级		知言实践活动内容	知言实践活动目标
一年级	上学期	我爱做贺卡	学做贺卡，会写上祝福的话
	下学期	寻找校园里的阳明文化	学习观察方法，会写简单的观察日记
二年级	上学期	与阳明文化有关的手抄报	会设计与制作手抄报
	下学期	学做美食	自己动手做美食，品尝劳动成果，并向他人清楚地介绍自己做的美食
三年级	上学期	童话剧表演	选择最喜欢的童话角色，进行角色扮演
	下学期	给我喜欢的寓言故事插图	选择最喜欢的一则寓言故事，为它配插图
四年级	上学期	听同学讲阳明先生	善于倾听，学会表达
	下学期	南昌革命故事	回家听老人讲一讲南昌的革命故事，发表自己的感想
五年级	上学期	革命英雄的读书故事	收集革命英雄的读书古诗，分类进行整理
	下学期	八大山人馆里的名人形象	走进八大山人纪念馆，感悟名人形象
六年级	上学期	轻叩诗歌的大门	了解我国诗歌的渊源，走进诗歌的美丽世界
	下学期	探寻南昌阳明文化遗迹	了解南昌的阳明文化，增强文化认同感与自豪感

（二）"知言实践"活动的评价

"知言实践"活动以年级为单位，从四个方面进行评价，具体评价方式如下表(见表1-9)。

表1-9 "知言实践"活动评价表

评价项目	评价要点	评价标准	权重	A	B	C	D	得分
目的内容 20分	目标明确	① 训练学生的语言运用能力	5					
	内容实用	① 贴近生活，丰富学生的直接经验 ② 贴近学生，丰富学生的间接经验	5					
	内容综合	① 引入多种信息 ② 运用语文学科知识	5					
	深浅适当	① 分量适当 ② 难易适中	5					
方式方法 15分	组织形式	① 走出校园实践感悟 ② 具体组织形式得当	7					
	学生活动方法	① 方法得当 ② 多法结合	8					
活动过程 30分	活动要素	① 具备基本出行条件 ② 有机组合家校配合	15					
	活动步骤	① 活动准备 ② 活动展开、研究、实践 ③ 活动评价总结	15					
活动效果 35分	学生自主性	① 学生在教师指导下自主地思考，积极参与	15					

续 表

评价项目	评价要点	评价标准	权重	评价等级				得分
				A	B	C	D	
	学生创造性	① 思路新颖 ② 表现方式方法多样 ③ 有一定的活动成果	20					
等级		得分						

备注：90 分以上为优秀；80—89 分为良好；60—79 分为及格

总之，语文课程具有丰富的人文内涵，对师生价值观的形成有着深刻影响。语文课堂中的价值引领应符合语文课程本身的特点，注重熏陶感染，注重潜移默化，于看似无痕处有意为之。[①] 我们在实施学科课程的过程中，首先要在语文备课组内达成共识，让所有语文教师参与进来，以"知言语文"为核心理念，结合各班实际，挖掘语文学科的课程价值，引领大家一起践行我校语文学科课程理念，提高学生的语言鉴赏能力与运用能力。

课程建设是一个循序渐进的发展历程，是一场贯穿师生教学活动的旅程，我们将思行相伴，知行结合，积极借鉴先进区域和同行学校的宝贵经验，从学校的生情出发，走好符合"知言养气"的语文学科课程建设之路，赏语言之味，养浩然之气。

（执笔人：刘文丽　万　娜）

---

① 姚明珍.语文,于无痕处滋养心灵——例谈新课程实施中的价值引领[J].中小学德育,2006(22)：25.

第二章

得秀气

审美教育的生命张力

人秉其秀气，故人心自秉其精要。审美教育自是承载教育之精要，它是通过审美认知和审美体验，最后直指教育的人文本体——审美生命教育。生命教育是个体内在精神的召唤与心灵情感的陶冶，是审美教育的本质与灵魂。直面生命本体的教育，才能真正唤醒个体精神和主体人格，从而实现人的全面发展。生命的本质是超越于人的感官世界的精神生活，它给予我们生活崇高的价值与意义[①]。引导孩子用审美态度对待生命才是生命教育的灵魂。我们设计的"灵动音乐"正是坚持以音乐审美为核心，以兴趣爱好为动力，激发学生对音乐的兴趣，不断提高学生的音乐素养，丰富学生的精神生活，为学生提供适当的审美体验，从而陶冶情操、启迪智慧；同时开发学生的创造性发展潜能，提升创造力；并传承民族优秀文化，增进学生对世界音乐文化丰富性和多样性的认识和理解。

---

① 李平.设计审美教育一种张力价值的建构[J].装饰,2007(10)：92—93.

用美妙音符织灿烂人生

阳明学校音乐教研组,现有专任音乐教师4名,男、女教师各两名,其中中级教师2名,初级教师2名,是一支以中青年骨干教师为主的朝气蓬勃、奋发向上的学科团队。音乐教研组积极参加各级各类教研活动,以备课组为单位开展听课、说课、磨课活动,帮助每位音乐老师形成各具个性的教学方式,课堂教学深受学生喜爱。在教科研方面,音乐组也取得不少成果:曾多次被评为东湖区优秀教研组。音乐组成员在市、区级教学竞赛中多次获得一、二、三等奖;论文获市、区级一、二等奖;获东湖区第二批小学音乐学科"骨干教师"称号;校舞蹈社团获市艺术节二等奖、区一等奖;合唱社团和萨克斯乐团获区二等奖。优质的师资为学科课程发展提供了有力支撑,学校教师团队不断丰富知识储备,努力提高专业素养,致力营造良好的校园艺术教育氛围,让艺术弥漫校园、滋润生命。

第一节 孕育多彩灵动生命

一、学科课程价值观

音乐是人类最古老、最具普遍性和感染力的艺术形式之一,是人类通过有组织的音响,实现思想和感情的表现与交流必不可少的听觉艺术,是人类精神生活的有机组成部分。作为人类文化的一种重要形态和载体,音乐蕴含着丰富的文化和历史内涵,以其独特的艺术魅力伴随人类历史的发展,满足人们的精神文化需求。对音乐的感悟、表现和创造,是人类的一种基本素质和能力。

音乐课程的核心价值在于：为学生提供审美体验，从而陶冶情操，启迪智慧；开发创造性，发展潜能，提升创造力；传承民族优秀文化，增进对世界音乐文化丰富性、多样性的认识和理解；促进人际交往、情感沟通及和谐社会的构建。

二、学科课程理念

音乐不同于其他学科，有其自身的特征，它既是人文性、审美性、实践性的统一，也有自己独特的育人优势。音乐是一种情感艺术，以声动人，以情感人，以审美、创造性发展表现和社会交往为其价值观。因为世界不能没有声音，人类不能没有音乐，所以音乐课程的价值观充分体现了以人为本的教育理念[①]。只有站在"以美育人"的高位来展开教学，使其情感世界受到潜移默化的感染和熏陶，建立起对人类、对自然、对一切美好事物的关爱之情，进而养成对生活的积极乐观态度和对美好未来的向往与追求。依据《义务教育阶段音乐课程标准（2011年版）》精神，结合学校历史、文化、音乐学科课程特点，我校音乐学科的核心概念为"灵动音乐"。

所谓"灵动"指的是美好情感的交流，是通过学生的兴趣来表现的。在音乐课堂教学中，教师围绕"课堂充满活力，教师充满魅力，学生充满动力"的教育理念，摒弃过去传统的固化模式，采用富有新意、灵活多变的教学手段，开展丰富多彩的课堂教学活动，用自然真挚的情感引导和感染学生，调动学生的求知欲和好奇心，使他们积极、主动地参与学习，在课堂中"学有所乐，学有所得"。

"灵动音乐"注重培养学生敢于"求异"、善于"思辨"、勇于"探索"、乐于"创造"、富于"幻想"的精神，使他们在音乐学习中迸发创新火花，萌发创新能力，激发创新精神，培养创新能力。

---

① 马录文.浅谈音乐课程的价值观[J].教育实践与研究（小学版），2009（5）：55—56.

第二节 感悟音乐的真善美

《义务教育阶段音乐课程标准(2011年版)》指出：学生通过音乐课程学习和参与丰富多样的艺术实践活动，探究、发现、领略音乐的艺术魅力，培养学生对音乐的持久兴趣，涵养美感，和谐身心，陶冶情操，健全人格。学习并掌握必要的音乐基础知识和基本技能，拓展文化视野，发展音乐听觉、欣赏能力、表现能力和创造能力，形成基本的音乐素养。丰富情感体验，培养良好的审美情趣和积极乐观的生活态度，促进身心的健康发展。

一、学科课程总体目标

音乐核心素养主要包括"音乐欣赏""音乐表现""音乐创造""音乐文化"四个方面，从这一概念出发，结合音乐课程标准、音乐学科课程"灵动音乐"这一核心概念，我校音乐学科课程总目标确定为：学生通过音乐课程学习和参与丰富多彩的艺术实践活动，去体验、模仿、探究，从而领略音乐的艺术魅力；学习并掌握必要的音乐基础知识和基本技能，有效地促进学生音乐审美能力的形成与发展，拓展文化视野；培养学生爱好音乐的情趣，发展对音乐的感受与鉴赏能力、表现能力和创造能力，陶冶高尚情操，培养健全人格。我校的音乐课程目标如下：

（一）情感态度价值观目标

"丰富情感体验，培养对生活积极乐观的态度；培养音乐兴趣，树立终身学习的愿望；提高音乐审美能力，陶冶高尚情操；培养爱国主义和集体主义精神；尊重艺术，理解多元文化。"这个层面的教学目标已经深入到音乐课程的本质内容，充分发挥了音乐课的课程作用。尽管这其中仍然包含着思想道德教育的内涵，但它是蕴涵在音乐艺术实践中的一种隐性目标，并且明显地突出了音乐课的学科特点。综合起来看,它更看重的是通过音乐培养学生的完美人格,提高学生的综合素质,而不是只注重提高学生的音乐专业知识水平和音乐专业能力。

(二)过程与方法目标

学生感受、体验、理解、想象、表现、创造、评价音乐的心理变化过程以及这种变化的根据,明确了过程与方法的主要内容。这些主要内容包括:体验、模仿、探究、合作与综合。为了实现这些目标,老师必须引导学生完整而充分地聆听音乐作品,确保学生充分地获得音乐感知和体验,创造地展开联想与想象,不断地积累和发展音乐经验,激发创造热情,培养创造性思维,提高与他人合作的群体意识及协调能力,促进音乐与相关学科的综合学习,以加深对音乐与其他艺术、相关人文学科的认识与理解。

(三)知识与技能目标

学习和了解基本表现要素如:速度、力度、音色、节奏、旋律、和声等和常见的曲式结构以及音乐体裁形式等基础知识,有效地促进学生音乐审美能力的形成和发展;基础技能方面:培养学生自信、自然、有感情地歌唱;学习演唱、演奏的初步技能;在音乐听觉感知基础上识读乐谱,在音乐表现活动中运用乐谱;还包括了简单的音乐创作,即以自由、即兴的创作方式表达自己的情感,学习简单的音乐创作常识和技能。通过认知作曲家生平及作品的题材、体裁、风格等,了解中外音乐发展。

二、学科课程年级目标

九年义务教育一贯制音乐学科分为九个年级来学习。依据新课程标准和学科课程总体目标,以及根据教材、教参确立灵动音乐课程目标如下(见表2-1)。

表 2-1 "灵动音乐"年级目标表

年级	目标			
一年级	1. 能注意力集中地聆听乐曲，初步知道怎样动作聆听音乐，学习动作表达方式表达自己对音乐的感受。	2. 能够整齐地按照要求背唱歌曲；能在歌声与动作表演中表现歌曲所表达的不同情绪及所蕴含的不同情感和意境，养成动作的习惯。	3. 知道音的长短、高低，练习随歌声或乐曲进行击拍，初步做到均匀、准确。能按照节奏编创歌谣，能准确地朗读歌词，并读出二拍子的强弱。	4. 初步认识课本中的集中音乐学习标志，尝试以动作和语言表达活泼欢快的情绪。能够用简单的形体动作配合音乐节奏。
二年级	1. 能通过聆听感受音乐所描绘的形象，体验不同音乐的特点，感受体验音乐所表达的情绪。能通过聆听感受中外民族民间音乐，感受不同地域的民歌风。	2. 感受大自然音乐，以歌声表达热爱生活的情趣。能主动参与唱、奏、舞等实践活动，表达自己的情感，欢乐愉快。	3. 能主动参与为歌曲伴奏，即兴编创动作，探索生活中的各种音响，编创节奏等音乐实践活动。积极与同学合作编创一定的情境，表现歌曲的内容。	4. 能够用色彩或线条表现音乐的不同感受，用不同节拍、情绪的韵律操动作配合简单的律动。
三年级	1. 加深对音乐形象的感受，能注意倾听或哼唱主旋律，培养学生的音乐记忆力。	2. 学生能够用正确的口型唱歌，咬字、吐字，培养学生独立、自信的唱歌能力，学习用强弱快慢的手段表现歌曲的情感。	3. 能利用教师或教材提供的音乐材料，独立或与他人合作编创2~4小节的节奏或旋律。	4. 关注日常生活中的音乐。学习有关音乐知识，较难的音程、节奏，可以通过模唱、学生模仿的方法来解决。

续表

年级	目标			
四年级	1. 能够聆听辨别不同类型的演唱形式，分辨出男声和女声音色。知道常见的西洋乐器，并能听辨其音色。区别合唱与齐唱、齐奏与合奏。能够聆听音乐主题说出曲名，感受一些国家和民族音乐的不同风格。	2. 乐于参加各种演唱活动，能够对自己和他人的演唱作简单评价。能够背唱4首歌曲，并能做到节奏准确，富于感染力。	3. 能自制简易乐器，或用人声、乐器及其他音源材料表现自然界或生活中的声音，创作2—4小节旋律或节奏。	4. 接触与了解戏剧、舞蹈等表演形式，认识音乐在其中的作用。能够用色彩或线条表现音乐的相同与不同。
五年级	1. 带领学生学会演唱本教材的歌曲之外，还将聆听颂歌、抒情歌曲、艺术歌曲、叙事歌曲、健康的流行歌曲及风格等各种体裁和类别的歌曲，能够随着歌曲的轻声哼唱或默唱。	2. 通过学习歌曲，学会用正确的口音方法及连音、顿音演唱方法。学会简易的轮唱，二声部合唱，做到声部间的和谐、均衡，看懂一些简单的指挥手势。	3. 通过欣赏，了解几种常见的演奏形式，培养学生对音乐的速度、力度、音色、节拍、音色、音区的感知能力，培养他们的音乐想象力和联想能力。在老师的引导下能够即兴地编创表演。	4. 能够结合自己熟悉的影视剧或电影，初步感受主题曲或插曲在影视片中的作用。

续表

年级	目标			
六年级	1. 知道常见的中国民族乐器，并能听辨其音色，在感知音乐节奏和旋律的过程中能进行高低、快慢、强弱，能感知乐句与乐段的结束，并能做出相应的反应。能体验并简述音乐情绪的变化，喜欢聆听我国民族民间音乐，知道一些代表性的地区和民族的民歌和民族乐曲。	2. 乐于参与各种演唱活动，并能对老师和歌曲的指挥动作和歌曲的前奏做出恰当的反应，演唱时姿势正确，声音自然，节奏音调准确，在合唱中能够主动与他人合作。初步懂得保护嗓音的方法。	3. 能利用废旧物品自制简易打击乐器，利用人声、乐器声及其他音源表现自然界或生活中的声音即兴编创音乐故事、音乐游戏、音乐剧，并能参与表演。能创作4小节的节奏短句及简单的旋律。	4. 关注日常生活中的音乐，热心收集各种音乐材料并经常聆听，主动参与社区、乡村的文艺活动，并能与他人进行交流。乐于听赏音乐会或当地民俗活动中的音乐表演，接触戏曲舞蹈等艺术表演形式，认识音乐在其中的作用。
七年级	1. 加深对人声、乐器声的了解和体验。能够说出各类人声和常见乐器的音色特点。能够主动去探索自然界和生活中的各种音响，能够用不同的方式模仿不同的声音。	2. 初步培养学生分析歌谱的能力，能够归纳出与各种演唱和演奏活动，养成良好的演奏习惯。能够跟随钢琴或录音视唱乐谱。	3. 能够利用老师或教材提供的材料和方法，独立地或与他人合作编创4小节的旋律短句或短曲，并能用乐谱记录下来。	4. 了解我国各民族优秀的民族民间音乐，培养学生对祖国音乐艺术的感情和民族自豪感、自信心。

续表

年级	目标
八年级	1. 听辨不同的音乐，能用语言做简单的描述；能够体验并简述音乐情绪的变化。聆听世界部分国家的民族民间音乐，能够对其风格特点进行简单描述。 2. 每学年能够背唱歌曲2～4首，包含中国民歌1首，学唱京腔或地方戏曲1首，同时能够演奏乐曲2～3首。 3. 能够依据歌曲、乐曲的内容及情绪，进行即兴编创表演活动。能够对自己或他人的声音探索活动作出评价。 4. 能够积极参与音乐实践活动，喜欢本地区的民族音乐，并了解其音乐文化。能够简单表述音乐对于情绪的影响，并能运用合适的音乐进行自我调节。
九年级	1. 能够有意识地体验音乐所表达的各种情感，并能运用音乐术语进行描述。结合所听音乐，了解音乐体裁与形式在音乐表现中的作用。 2. 能够选择某种乐器，运用适当乐器的演奏方法表现乐曲的情绪，力求用优美的音色进行演奏。能够表演简单的歌剧、音乐剧、京剧等戏曲、曲艺片段，并能对自己与他人的表演作出评价。 3. 能够利用老师或教材提供的材料和方法，独立地或与他人合作编创6～8小节的旋律短句或短曲，并能用乐谱记录下来。 4. 与他人合作进行班级文艺活动的创意与设计。加深对音乐作品的理解，说出中国和世界部分国家的代表性歌曲或乐曲及相关的风土人情。

第三节　谱写多彩灵动乐章

音乐学科课程的核心价值是"情感审美,以美育人"。在此基础上,我校紧紧围绕"课堂充满活力,教师充满魅力,学生充满动力"这一课程理念,设置了我校音乐学科的课程结构。我校音乐课程分为基础性课程和素养性课程,基础性课程主要培养学生对音乐的学习兴趣和最基本的音乐技能;素养性课程主要满足学生的个性化学习需求,开发和培育学生的音乐特长和创造能力,培养学生的美好情操和健全人格。

一、学科课程结构

依据《义务教育音乐课程标准(2011年版)》的相关要求,结合学校历史、文化与"致良知课程"体系的总体框架以及音乐学科课程理念,围绕音乐学科"音乐欣赏、音乐表现、音乐创造、音乐文化"等核心素养,满足学生的个性化学习,让学生经历并感受艺术实践与合作探究的学习过程,丰富情感体验,培养良好的审美情趣和积极乐观的生活态度,促进身心健康的发展,从而形成音乐学科"灵动音乐"课程群(见图2-1)。

灵动欣赏
感受与欣赏是音乐学习的重要领域
激发学生听赏音乐的兴趣
表达独立的感受和见解
养成聆听音乐的习惯
逐步积累欣赏音乐的经验

灵动创造
以开发学生潜能为目的的即兴音乐编创活动
运用音乐材料进行音乐创作尝试与练习

灵动表现
培养学生综合性艺术表演能力
培养学生读谱能力
培养学生的表达和沟通能力

灵动文化
扩大学生音乐文化视野
促进学生对音乐的体验与感受
提高学生艺术审美能力

图2-1　"灵动音乐课程"学科课程结构图示

（一）灵动欣赏

"灵动欣赏"即感受与欣赏,为音乐欣赏类课程,是整个音乐学习活动的基础,是培养学生音乐审美能力的有效途径。在"灵动欣赏"课堂中,教师通过"寓教于乐"的方式,将音乐鉴赏和故事背景联系起来,用生动有趣的故事来吸引学生,并从学生喜爱的音乐入手,让学生反复聆听,在听中领悟音乐的内涵。欣赏过程中,还可以让学生把心中点点滴滴的感受转化成文字,然后进行展示,进而激发学生听赏音乐的兴趣,养成聆听音乐的习惯,逐步积累欣赏音乐的经验,进而提高音乐鉴赏能力。

（二）灵动表现

"灵动表现"为音乐表演类课程,学习的是基础性内容,是培养学生音乐审美能力的重要途径。教学中,教师通过自身真挚、生动的情感去感染学生,让学生与老师一起对音乐作品产生情感上的共鸣,理解音乐的内在情感,帮助学生发展音乐听觉基础上的读谱能力。使学生在音乐实践中树立自信,能够自信地进行演唱、演奏和进行综合性艺术表演,能用音乐的形式表达个人的情感,与他人沟通,融洽感情。

（三）灵动创造

"灵动创造"为音乐编创类课程,是发挥学生想象力和思维潜能的音乐学习领域,是学生进行音乐创作实践和发掘创造性思维能力的过程和手段。在音乐实践活动中,通过运用各种形象、直观的教学方法和手段,如生动有趣的唱游、律动、游戏、自编舞蹈、歌表演、打击乐器伴奏等,创设出各种愉快、生动的教学情境,发展学生的音乐想象力,激发他们的创作兴趣,引导学生有意识地进行创作尝试,从而提高他们的音乐创造力。

（四）灵动文化

"灵动文化"为音乐拓展类课程,是指音乐与相关文化,是音乐课人文学科属性的集中体现,是直接增进学生文化素养的学习领域。教师根据课堂学习主题,通过一些有共同特质或思想内容的音乐,有序的组织,步步深入地引导学生体验、想象、创造,深化学生的认知,拓宽学生的音乐视野,激发学生进一步体验音乐、创造音乐的欲望,从而使学习变得扎实、丰满、有效。

二、学科课程设置

围绕"灵动课程",学校按照四大主题,9个年级18个学期,将"灵动"音乐课程群具体内容进行划分,课程设置如下(见表2-2)。

表2-2 "灵动音乐"课程设置表

课程\学期		灵动欣赏	灵动表现	灵动创造	灵动文化
一年级	上学期	《口哨与小狗》《玩具兵进行曲》《快乐的一天》《颂祖国》《快乐的小熊猫》《袋鼠》《三个和尚》《野蜂飞舞》《号手与鼓手》《会跳舞的洋娃娃》《小拜年》《小花灯》	《拉钩钩》《其多列》《跳绳》《国旗国旗真美丽》《咏鹅》《大家来劳动》《小青蛙找家》《小蜻蜓》《小小音乐家》《快乐的小笛子》《龙咚锵》《猫咪蒸饭灶上坐》	《你的名字叫什么?》《同唱一首歌》《动物说话》《洗手绢》《小青蛙》《新年好》	《中华人民共和国国歌》《劳动最光荣》《星光圆舞曲》《平安夜》《敬瓜》
	下学期	《杜鹃圆舞曲》《牧童短笛》《让我们手拉手》《小象》《跳绳》《摇篮曲》	《布谷》《牧童谣》《放牛歌》《雁群飞》《数鸭子》《可爱的小象》	《小雨沙沙》《牧童》《鸭子拌嘴》《两只小象》《火车开啦》《小宝宝睡着了》	《春晓》《火车波尔卡》《星光恰恰恰》《铁匠波尔卡》《我们要做好娃娃》

续　表

课程学期		灵动欣赏	灵动表现	灵动创造	灵动文化
		《采蘑菇的小姑娘》《在钟表店里》《调皮的小闹钟》	《拍皮球》《闪烁的小星》《粉刷匠》《这是什么？》《喜看丰收景》	《理发师》《时间像小马车》	《嘘嘘哩嗬》
二年级	上学期	《森林水车》《夏天的阳光》《快乐的啰嗦》《青蛙音乐会》《公鸡母鸡》《小狗圆舞曲》《跳圆舞曲的小猫》《糖果仙子舞曲》《大海摇篮》《晚会》《青草小河边》	《早上好》《乃哟乃》《快乐的音乐会》《母鸡叫咯咯》《蜗牛与黄鹂》《洋娃娃和小熊跳舞》《小红帽》《大海》《云》《小拜年》	《小麻雀》《阳光下的孩子》《唢呐配喇叭》《小鸡的一家》《打花巴掌》《海上风暴》《过新年》	《彝家娃娃真幸福》《百鸟朝凤》《我的小鸡》《四小天鹅舞曲》《窗花舞》《青草小河边》
	下学期	《春之歌》《春风》《蜜蜂》《蝴蝶》《吉祥三宝》《我是人民小骑兵》《加伏特舞曲》《霍拉舞曲》《狮王进行曲》《老虎磨牙》《三只小猪》《新疆好》	《大树妈妈》《郊游》《共产儿童团团歌》《小蜜蜂》《一对好朋友》《草原就是我的家》《喜鹊钻篱笆》《猫虎歌》《音乐小屋》《我爱雪莲花》《我是农家小歌手》《捉泥鳅》	《卖报歌》《我的家在日喀则》《两只老虎》《箫》《新疆舞曲第一号》《采杨梅》	《中国少年先锋队队歌》《都有一颗红亮的心》《金孔雀轻轻跳》《单簧管波尔卡》《新疆是个好地方》

续　表

课程学期		灵动欣赏	灵动表现	灵动创造	灵动文化
三年级	上学期	《捉迷藏》《我们多么幸福》《森吉德玛》《同伴进行曲》《我和你》《牧民新歌》《妈妈宝贝》《母亲教我的歌》《雪花飞舞》《灵隐钟声》《丰收》	《摇啊摇》《小酒窝》《草原上》《哦，苏珊娜》《老水牛角弯弯》《放牛山歌》《妈妈的心》《妈妈》《唱给妈妈的摇篮曲》《捉迷藏》《钟声叮叮当》《如今家乡山连山》	《我是草原小牧民》《原谅我》《四季童趣》《美丽的黄昏》	《赛马》《草原放牧》《樱花》《维也纳的音乐钟》《橘梗谣》《浏阳河》
	下学期	《我们走进十月的阳光》《红旗颂》《木偶的步态舞》《顽皮的杜鹃》《春》《男生贾里新传》《船歌》《牧童之歌》《孤独的牧羊人》《我爱米兰》《飞来的花瓣》《在那桃花盛开的地方》《梭罗河》	《祖国祖国我们爱你》《只怕不抵抗》《一只鸟仔》《嘀哩嘀哩》《剪羊毛》《小小羊儿要回家》《每当我走过老师窗前》《甜甜的秘密》《山里的孩子心爱山》《小巴郎，童年的太阳》《小牧童》《牛角弯弯》	《摇船调》《春天举行音乐会》《我是小音乐家》	《卢沟谣》《猜调》《穷人的孩子早当家》《空山鸟语》《荫中鸟》《杨柳青》《进行曲》《帕米尔，我的家乡多么美》

续　表

课程 学期		灵动欣赏	灵动表现	灵动创造	灵动文化
四年级	上学期	《歌唱祖国》 《牧歌》 《故乡是北京》 《乒乓变奏曲》 《陀螺》 《打字机》 《梦幻曲》 《节日舞》 《山童》 《生日快乐变奏曲》 《祝你快乐》 《夜深沉》 《鄱湖渔歌》	《采一束鲜花》 《大雁湖》 《大家来唱》 《愉快的梦》 《月亮月光光》 《童心是小鸟》 《小螺号》 《让我们荡起双桨》 《阳光牵着我的手》	《哦,十分钟》 《划龙船》 《幸福拍手歌》 《采莲谣》	《中华人民共和国国歌》 《小夜曲》 《荡秋千》 《水上音乐》 《甘洒热血写春秋》 《我的家乡鄱阳美》
	下学期	《那不勒斯舞曲》 《小步舞曲》 《牧羊姑娘》 《水乡船歌》 《森林的歌声》 《我爱五指山,我爱万泉河》 《摇篮曲》(中)(德) 《羊肠小道》 《乘着歌声的翅膀》 《火车托卡塔》	《我们大家跳起来》 《土风舞》 《小小少年》 《我是少年阿凡提》 《采菱》 《白桦林好地方》 《红蜻蜓》 《西风的话》 《摇篮曲》 《友谊的回声》 《山谷静悄悄》 《种太阳》 《小纸船的梦》	《癞蛤蟆和小青蛙》 《洪湖水浪打浪》 《彼得与狼》 《小溪流水响叮咚》 《摇篮曲》(奥)	《新疆舞曲第二号》 《小小少年》 《回声》 《红星照我去战斗》 《映山红》

续　表

课程 学期		灵动欣赏	灵动表现	灵动创造	灵动文化
五年级	上学期	《晨景》 《渔舟唱晚》 《打猪草》 《回家》 《可爱的家》 《思乡曲》 《小村之恋》 《谁不说俺家乡好》 《缆车》 《乘雪橇》 《游乡》	《晚风》 《我怎样长大》 《丰收的节日》 《苹果丰收》 《牧场上的家》 《叮铃铃》 《堆雪人》 《雪花带来冬天的梦》	《清晨》 《歌唱二小放牛郎》 《外婆的澎湖湾》 《故乡的小路》 《乡间的小路》 《嬉游曲》 《雏鹰之歌》 《走四方》	《雨花石》 《丰收锣鼓》 《迎来春色换人间》
	下学期	《致春天》 《春到沂河》 《打起手鼓唱起歌》 《飞翔的女武神》 《溪边景色》 《花之歌》 《对花》 《爱的奉献》 《大爱无疆》 《沂河欢歌》	《小鸟小鸟》 《迷人的火塘》 《真善美的小世界》 《铃儿响叮当》 《京调》 《编花篮》 《地球是个美丽的圆》	《春雨蒙蒙地下》 《巴塘连北京》 《小白船》 《田野在召唤》 《百花园》 《爱的人间》 《蒸馍馍》	《北京喜讯到边塞》 《飞越彩虹》 《要学那泰山顶山一青松》 《我是中国人》 《京调》 《抗日小唱》 《中流砥柱有孙安》
六年级	上学期	《茉莉花》(江苏、东北、河北) 《小河淌水》 《迪克西岛》 《波斯市场》 《五彩缤纷的大地》	《茉莉花》 《妈妈格桑拉》 《木偶兵进行曲》 《月亮姐姐快下来》 《校园小戏迷》 《今天是你的生日》	《赶圩归来啊哩哩》 《魔法师的弟子》 《龙的传人》 《阿里山的姑娘》	《东边升起月亮》 《京剧唱腔联奏》 《包龙图打坐在开封府》 《你待同志亲如》

续　表

课程学期		灵动欣赏	灵动表现	灵动创造	灵动文化
		《黄河颂》《丢丢铜仔》《木星——欢乐使者》《日出》《十送红军》	《半屏山》《阿里山的姑娘》《七色光之歌》《萤火虫》《送郎当红军》		一家》《打支山歌过横排》
	下学期	《但愿人长久》《阿细跳月》"do re mi"《爱是一首歌》《两颗小星星》《龙腾虎跃》《守住这一片阳光》《光辉的太阳》《海德薇格主题》《瀑布》《和平颂》《欢乐颂》	《游子吟》《花非花》《我抱着月亮，月亮抱着我》《滑雪歌》《明天会更好》《榕树爷爷》《飞天曲》《永远是朋友》《我们是朋友》《井冈山下种南瓜》	《转圆圈》《拍手拍手》《一把雨伞圆溜溜》《火车来了》	《关山月》《火把节》《反八卦》《江西评话》
七年级	上学期	《蓓蕾之歌》《飞来的花瓣》《神圣的战争》《伏尔塔瓦河》《在灿烂阳光下》《秋》《丰收锣鼓》《月牙儿五更》《乌苏里船歌》《包楞调》《走绛州》	《中学时代》《校园的早晨》《歌唱祖国》《西风的话》《谁唱歌》《黄河船夫曲》《樱花》	组织编创活动	《红旗颂》《猛听得金鼓响》

续　表

课程 学期	灵动欣赏	灵动表现	灵动创造	灵动文化
	《孟姜女哭长城》 《甘美兰》 《蜡烛舞》 《短颈鸟德》 《曼德》 《阿里郎》 欣赏第六单元：管弦合鸣			
下学期	《春节序曲》 《百鸟朝凤》 《天鹅》 《蜜蜂过江》 《春江花月夜》 《二泉映月》 《赛龙夺锦》 《姑苏行》 《斑鸠调》 《劳特布鲁嫩的约德尔》 《优雅》 《弗拉门戈》 《卡林卡》 《拉卡拉卡》 《哈卡·马努马努》 《你是这样的人》 《日出》 《辛德勒名单》主题音乐 《悍牛与牧童》	《渴望春天》 《春游》 《小鸟，小鸟》 《凤阳花鼓》 《桑塔·露琪亚》 《剪羊毛》 《音乐之声》	打击乐合奏	《春之声》 《春天来了》

续　表

课程学期		灵动欣赏	灵动表现	灵动创造	灵动文化
八年级	上学期	《西班牙斗牛舞曲》 《丝绸之路》 《动物世界》片头曲 《橄榄树》 歌剧《白毛女》选段 《今夜无人入睡》 《卡门序曲》 《猎人合唱》 《回忆》 《火把节》 《远方的客人请你留下来》 《北方水草茂盛的家乡》 《蝉虫歌》 《鼓的语言》 《丰多姆弗洛姆的舞曲》 《当太阳降落》 《依内妈妈》 《桑巴》 《探戈舞曲》 《老黑奴》 《溜冰圆舞曲》 《十一月·雪橇》 《菩提树》	《青春舞曲》 《共青团团员之歌》 《拉起手》 《我的未来不是梦》 《洪湖水浪打浪》 《采花》 《咿呀呀噢咧噢》 《红河谷》 《踏雪寻梅》	集体舞《校园圆舞曲》	《沁园春·雪》

续　表

课程学期	灵动欣赏	灵动表现	灵动创造	灵动文化
下学期	《杏花天影》 《海岛冰轮初转腾》 《我正在城楼观山景》 《智斗》 《打虎上山》 《G弦上的咏叹调》 《小夜曲》 《c小调第五(命运)交响曲》 《g小调第四十交响曲》 《大漠之夜》 《玛依拉》 《阳光照耀着塔什库尔干》 《万马奔腾》 《鼓和玩具》 《梁山伯与祝英台》 《十面埋伏》 《长恨歌》选段 《夏夜》 《六月——船歌》 《彩云追月》	《阳关三叠》 《儿行千里母担忧》 《英雄凯旋歌》 《在那遥远的地方》 《牧歌》 《化蝶》 《夏日泛舟海上》	第二单元：组织实践，进行合作编创 第三单元：活动与探究	《哀郢》 《原始狩猎图》 《楚商》 《流水》 《广陵散》 《游园惊梦》 贝多芬与《月光奏鸣曲》

续　表

课程 学期		灵动欣赏	灵动表现	灵动创造	灵动文化
九年级	上学期	《保卫黄河》 《四渡赤水出奇兵》 《大海与辛巴达的船》 《小巫师》 《布谷鸟儿咕咕叫》 《c小调练习曲》 《流浪者之歌》 《地狱中的奥菲欧序曲》 《场景》 《快乐的女战士》 《黄土高坡》 《青藏高原》 《弯弯的月亮》	《游击队歌》 《中国军魂》 《鳟鱼》 《前门情思大碗茶》 《摇篮曲》 《大红枣儿甜又香》 《让世界充满爱》	《水草舞》 《莫高绘画的舞蹈》	《重整河山待后生》 《蝶恋花·答李淑一》
	下学期	《毛委员和我们在一起》 《十送红军》 《四渡赤水出奇兵》 《游击队歌》 《英雄赞歌》 《再见吧,妈妈》 《今夜无人入睡》 《你见过雷公山的山顶吗》 《苍山歌声永不落》 《月光下的凤尾竹》	《中国人民解放军军歌》 《当兵的人》 《猎人进行曲》 《卡门序曲》 《威廉·退尔序曲》 《小草》 《远方的客人请你留下来》 《啊!中国的土地》 《买玉米饼》 《乘着歌声的翅膀》	《七律·人民解放军占领南京》 《歌墟问答》 《快乐的啰嗦》 第五单元：音乐活动 歌表演《同一首歌》	《赶摆路上》 《母女夜话》

续　表

课程学期	灵动欣赏	灵动表现	灵动创造	灵动文化
	《边塞之歌》 《放马山歌》 《苗岭的早晨》 《在希望的田野上》 《江南好》 《在田野上》 《依内妈妈》 《小鸽子》 《小公牛》 《桑巴》 《拉·坤帕尔西塔》 《致音乐》 《回声》 《歌声与微笑》			

课程示例2

艺术素养课程纲要

一、课程背景

"艺术是人类的天性"。斯宾塞在《教育论》中说:"如果没有绘画、雕塑、音乐、诗歌以及各种自然美引起的情感,人生乐趣就会失去一半。"对于小学阶段的艺术教育教学活动来说,艺术教育不仅能对学生进行审美教育,而且能够使学生在学习如何感受美、发现美、了解美、创造美的过程中,陶冶情操、发展智力、促进身体各种因素的平衡、协调发展,实现个性全面和谐的发展。在现如今这个全面实施素质教育工程的过程中,学校应当注重学生的素质教育,关心学生德、智、体、美的全面发展。

本课程理念是:结合学校"以艺育人"的办学特色、艺术教学优势以及校园文化特色,开展好学校声乐、舞蹈、萨克斯等艺术类社团活动,挖掘艺术活动中的美育理念,结合国学经典诵读这一校园文化特色活动,把艺术知识与素质教育有效地渗透到各种艺术活动实践中。

二、课程目标

(一)懂得用正确的发声方法演唱歌曲,感受歌曲的魅力。并结合校园文化特色——国学经典诵读,演唱五言、七言诗句和有节奏地吟诵《诗经》。提高艺术修养,增加对中国古代文化的认知和理解。

(二)通过学习民族舞和舞蹈基本组合,了解身体部位,完成表演。体验舞蹈的美,从中找到乐趣,陶冶高尚情操,提高舞蹈鉴赏和表现力,启发想象力和创造力。

三、课程内容

艺术素养课程主要分为三大类:声乐、器乐、舞蹈。学生通过系统的学习,掌握一定的专业知识和及技能技巧,提升艺术修养和鉴赏能力,启发想象力和创造力。

(一)声乐

1. 掌握正确的呼吸方式和科学的发声方法。

2. 区分合唱与独唱的区别,简单的分析歌曲,感悟歌曲魅力。

3. 结合学校经典诵读特色,用科学的发声方法演唱五言、七言诗歌,吟诵《诗经》。

4. 通过学习萨克斯,掌握基本的乐理知识和演奏萨克斯的气息运用以及基本演奏指法与技能。

(二)器乐

1. 初步学习基本乐理知识。

2. 正确使用乐器的演奏方法。

3. 演奏若干首乐曲。

（三）舞蹈

1. 学习不同舞种的定义、风格、特征。
2. 学习舞蹈基本动作、组合。
3. 学跳傣族舞《有一个美丽的地方》、中国舞《我的身体》。

四、课程实施

本课程适合对象为一至六年级学生，为了让每名学生都能成为快乐的学习者和成功的体验者，我们注重普及与提高相结合，课内与课外相结合。

（一）组织拓展型教学活动，发展学生艺术兴趣

以音乐课堂为主要阵地，利用学校专业教师资源，把合唱教学融入课堂，教授学生音乐的基础知识、正确的呼吸方式和发声方法，引导孩子认识到什么是美的声音，如何用美的声音有感情地演唱歌曲。同时，我们又把特色艺术项目排入社团活动中，供所有学生选择学习，发展艺术兴趣。

社团活动是学校教育的有效补充。充分发挥学校艺术社团的资源优势，利用每天放学以后的时间，开设"3点半社团"，把特色艺术项目排入社团活动中，组建合唱、萨克斯、舞蹈等艺术类社团，让学生在"3点半社团"中得到进一步发展。

（二）引进专业师资力量，打造专业艺术队伍

为进一步提高艺术社团的专业水准，学校把社会教育资源引入到社团活动中。聘请专业教师进学校，与学校的艺术教师一起组建舞蹈队、合唱队、萨克斯队。有了这些专业力量的支撑，学校的艺术教育走上良性发展之路。

（三）开展校园文化活动，丰富学生学习经历

扎实实施艺术课堂，积极开展课外艺术活动。坚持做到校园艺术活动常态化，定期举办音乐节、合唱节、舞蹈沙龙等特色活动，借助"国庆""元旦""六一"等节日组织大型活动，培养学生对文化艺术的热爱，丰富学生的校园生活。除了定期的校园节日活动外，还精心组织学生参加市、区级艺术活动，以此为平台，给予学生更多的锻炼机会，开拓眼界，增强自信。

五、课程评价

（一）晋级评价

晋级评价是个体自我价值的一种具体显现，借助对自我要求的不断提升，最终实现个人目标。即晋级评价可以提高学生参与音乐学习的积极性。学校以晋升的形式，满足个体不同程度的需求。学生根据相应的评价标准，通过完成任务，成功晋级，最终获得学习评价结果。获得学校颁发的"才艺证书"是以学生在校期间修习的艺术学分为基准的，学生只有学习完全部相关课程才能获得"才艺证书"，要想获得更高级别的"才艺证书"则需要进行相应的个性化艺术学习、艺术实践活动等。

（二）展演评价

展演评价是依据艺术学科性质来设计的。它既保持了学生对艺术学习的兴趣，适应了学生个性化评价的需求，同时也是对校本艺术课程实施效果最直观的反馈。

以展（演）代评：音乐知识和能力的获得只有通过实践才能够转化为自身获得。音乐作品不能仅仅靠一两个定性的词语如"像"与"不像"、"准"与"不准"来进行评价。学校依据艺术素养课程的不同形式，设计不同的展示方式。不同的课程类型，可以运用不同形式的成果展现，如主题探究、合奏（唱）展示、舞蹈演出等。同时，每年举办不同形式主题展演，如合唱节、舞蹈节、器乐节等，以满足不同学生才艺展示的需要。在各个单项展演中为优秀的同学搭建展示舞台。

第四节　奏响多彩灵动旋律

课程实施主要以嵌入式课堂和社团形式实施。音乐学科通过构建"灵动课堂"、举办"灵动音乐节"、打造"灵动社团"、实施"灵动欣赏与表现"课程、开展"灵动创造"活动等多种路径推进课程实施。依据学情，由浅入深，分年级、分学期实施。

一、打造"灵动课堂",彰显音乐学科魅力

"灵动音乐"是在我校"致良知课程"的基础上建立的音乐学科特色课堂。音乐教育坚持以音乐为本,以学生为中心,在课堂教学中,教师充分考虑学生体现的艺术特性,使每个学生都能发挥他们的艺术特长,尊重学生在音乐课堂中的主体地位,同时遵循听觉艺术的感知规律,突出音乐学科的特点。以弘扬音乐的人文精神为目标,变单一的音乐课堂教学为吹、唱、跳的课堂教学,并结合我校历史、文化、音乐学科实际情况,提出"灵动课堂"的概念。

(一)"灵动课堂"的内涵与实施

上好一堂音乐课的标准与以往有了很大的区别,不再是去评判老师唱得有多好,表演得有多好,而是学生在你这堂音乐课上表现怎么样,学到了什么。学生是课堂的主体,教师是课堂的主导,因此,在教学中,充分利用自身的主导性,激发学生的学习兴趣,打破长期以教师为中心的课堂形式,使学生成为课堂的主人。只有这样,我们的课堂才能"活"起来,才能"动"起来。

1. 平衡位置,培养兴趣。传统教学中,教师是一堂课的核心,双方在身份上也有着悬殊的差别,学生对教师有一定的畏惧,不敢畅所欲言,不敢表达自己的想法、观点,一堂课老师教什么,学生就学什么,没有活力,没有创新,本来音乐课堂是很活泼的,结果因为"畏惧",一堂课上下来死气沉沉。要改变这种状态,就要求教师们首先得明白自身和学生在课堂中所处的位置,平衡二者的关系。在教学中,教师应该创造一种自由、民主、轻松、活泼的课堂氛围,用心和学生交流,缩短和学生之间的距离,从而消除学生对教师的畏惧,建立良好的师生关系。

2. 生动形象,提高兴趣。低年级的学生,年龄小,自我约束力几乎为零,自制能力很差,在课堂上很容易被与课堂无关的事物所吸引,特别是在学习枯燥乏味的理论知识时。所以,在教授理论知识时,教师可以借助多媒体教

学,营造一个生动形象的课堂,吸引学生的注意力,提高学生学习音乐理论的兴趣,让我们的课堂灵动起来。例如,在教授小学二年级音乐上册第一单元第二课《音的高低》时,如果直接用钢琴来告诉学生,这是高音,这是低音,学生可能听过就忘了,这时教师就可以借助多媒体来播放一些动物的叫声,让学生来听,然后辨别音高音低,这样就能让声音"立体化",学生更能接受。

3. 开发创造,玩中学习。低年级学生的想象力是非常丰富的,他们的创造力不容小视,你给他一点绿色他就能创造一片森林。怎样开发学生的创造力呢?这就要从他们感兴趣的事物入手。比如说玩游戏,游戏对于小学生有着非常大的吸引力,例如,在教授《幸福拍手歌》时,课前可以玩个游戏。游戏对于学生吸引力确实不小,小游戏主要是为了吸引学生的注意力,锻炼学生的手脚协调能力和反应能力。如果我以很生硬的方式来进入今天的课堂主题,学生可能就没这么快进入学习状态,效果也不会很好。对于这个年龄的他们来说,在"玩中学"是很好的方法。只有学生学得好,学得开心,学得快乐,我们的课堂才能是一个真正的课堂。

4. 演唱结合,相得益彰。在过去的音乐课堂上,唱是一节课的主题,甚至一节课就只是唱,一节课的教学任务虽然完成了,但是过程和结果却不尽人意。教师觉得疲惫不堪,学生觉得枯燥无味。要改变这种现状,就要在课堂上加入新的元素,演和唱相结合。把以前的"唱"变成"表演唱",让音乐不再是抽象的,而是生动形象、充满魅力的,音乐课堂充满灵性。小学生年龄小,好玩好动,对于表演充满好奇与期待,教师可以充分利用这一点把简单的舞蹈创编加入到歌唱中。在歌曲的教授过程中,教师可以有意识地根据歌词的字意做一些简单的动作。我观察过班上的学生,大多数都会模仿着老师动作,跟着一起做!例如,在教授《小红帽》时,根据歌词的大意教授简单的韵律动作:踏点、动胯托帽、动胯挥帽、动胯挥手。教师也可以放手让学生自己尝试创编简单的舞蹈动作。这样就能够带动学生学习音乐积极性,树立自信心,学生的身心得到了发展,天真、活泼、可爱的个性得到了解放。在这种学习氛围中,学生通过唱歌、表演、创编达到对歌曲的体验,师生之间平等互动,增进了彼此之间的交流合作。他们完全沐浴在优美的情境中,充分感受音乐的趣、音乐的美,激化和深化了学生心中对音乐美的熏陶。

5. 以静制动,动静结合。一个成功的课堂,不是有多安静而是有多"闹"。传统的教学要求,学生在课堂上必须安安静静的,这样就大大局限了学生的发展力、创造性。作为一名音乐教师,应该鼓励学生在课堂上多发言,多与教师交流,塑造一个轻松活泼的课堂,让学生成为课堂的主体,积极参与教学。静听老师讲解,然后充分发挥自己的想象,用语言表达你所看到的,听到的,畅所欲言,这样才能实现音乐教育的目的。音乐既是"倾听"艺术,也是行动艺术,教师应该利用自身的主导性,引导学生来感受这门艺术,在"动"中学,在"静"中悟,使音乐教育真正实现其教育功能,在素质教育中发挥它的作用。

(二)"灵动课堂"的评价方式

根据"灵动课堂"的内涵特点,学校从教学思想、教学目标、教学内容、教学过程、教学方法、教师素养方面,制定"灵动课堂"评价标准,促进教师专业发展,引领课堂发展方向(见表2-3)。

表2-3 "灵动课堂"评价表

项目	评 价 要 点	权重分			得分
教学思想	1. 从全面育人的理念出发,注重学生综合素养的均衡发展; 2. 教师主导与学生主体作用得到较好的发挥,恰当处理好教与学的关系。	6	8	10	
教学目标	1. 教学目标明确、具体,体现音乐的时代性、实用性; 2. 注重个人目标和集体目标相结合,体现出目标对学生的自主学习、优化发展的促进作用。	6	8	10	

续　表

项目	评　价　要　点	权重分			得分
教学内容	1. 要通过贴近生活听赏、演唱、演奏、律动等形式呈现内容,注重实践性,内容深度的选择要根据学生的年龄、心理特征而定; 2. 创造性地使用教材,注重与其他学科的资源整合; 3. 注重双基教学通过对音乐要素挖掘拓展学生艺术视野。	6	8	10	
教学过程	教师行为	1. 听、唱、奏、演结合,寓教于乐,培养学习兴趣、合作意识与创造能力; 2. 各环节设计以音乐为本,培养学生对音乐的体验和感受; 3. 对学生有针对性地进行指导,对课堂临时生成的问题进行妥善处理; 4. 合理运用现代化教学手段,教学计划性强,教学时间安排合理。	12	16	20	
	学生行为	1. 会"聆听":通过聆听提高艺术品位; 2. 会"演示":通过学演唱、演奏、律动、乐理等将音乐技能展示出来; 3. 会"合作":通过合唱、合奏等培养合作能力; 4. 会"创造":体验音乐,发挥音乐想象力,拓展音乐形式。	12	16	20	
	多边活动	1. 多边关系融洽、和谐; 2. 师生、生生、群体、个体交流合作,互相促进。	6	8	10	
教学效果	1. 完成教学任务,达成目标; 2. 培养学习兴趣,养成习惯; 3. 培养创造意识,合作探究; 4. 与生活相结合,学以致用。	6	8	10	

续 表

项目	评 价 要 点	权重分			得分
教师素养	1. 范唱、范奏、乐理等音乐基本功扎实； 2. 教态轻松自然，语言准确、规范，能正确使用音乐术语； 3. 具有一定的教学机智，能对课堂教学进行有效地组织管理和调控，并灵活处理课堂中的偶发事件； 4. 教学个性（创造性）的发挥恰到好处； 5. 教师板书合理，工整。	6	8	10	
评课人		总分			

二、建设"灵动课程"，丰富音乐课程内涵

音乐作为一门规范性的感性学科，能够将人的内在情感表达出来。而当下由于中小学生接触到的事物非常多，思维方式也比较多样，因此在开展音乐课堂教学时就需要丰富的课堂教学形式，注重审美教育，激发学生兴趣，提倡学科综合，弘扬民族音乐，了解多元化音乐。只有这样，才能让学生在轻松愉快的环境中来学习音乐，提升音乐素养。

（一）"灵动课程"的建设路径

1. 渗透审美教育，提高理解能力。审美教育与认知教育之间存在着较大的差异，主要是通过感知来抓住形式，然后再对其深层次的含义进行理解。因此在教学中。教师就需要将简单的音乐教学逐渐向审美教学进行渗透，尤其是要让学生体会音乐中所蕴含的民族意识和时代精神。在进行中西方音乐比较分析的时候，教师要让学生将西方音乐的矛盾性、交响性和东方音乐旋律性、平和性进行比较，在审美教育中来提升学生对音乐的理解能力。

2. 学会鉴赏音乐，提升艺术修养。艺术修养是人在进行艺术感知、理解、想象以及创造时所具有的审美心理特征。而艺术修养对学生的人格和生存质量的高低起着重要的作用，艺术修养高的学生更容易理解生活的本质，也能够更好地理解人生。因此在课堂教学中，教师就需要注重对学生艺术修养的提升，将音乐教学和艺术修养的提升结合起来，让学生站在较高的角度来欣赏音乐，这样才能够体会音乐的内涵。[①]

（二）"灵动课程"的评价要求

"灵动课程"的评价主要是从课程实施过程中，学生参与表现和学习效果。可从兴趣、聆听、互动、达成四方面进行评价。具体评价标准如下（见表2-4）。

表2-4 "灵动课程"评价表

评价项目	评 价 内 容	得分
兴趣	1. 学生是否认真、积极参与音乐学习活动？（10分）	
	2. 学生是否积极回答问题，思维活跃？（10分）	
	3. 不同层面的学生是否都能参与学习的全过程？参与程度如何？（10分）	
	4. 本节课中学生兴趣持续时间？（30分钟满分）（5分）	
聆听	1. 师授课过程中学生注意力是否集中？（5分）	
	2. 同学发言或表演时，其他学生是否能够认真倾听、观看？（10分）	
	3. 聆听音乐时，学生是否会有回应？（体态、面部表情）（5分）	

[①] 朱晓琴.丰富课堂教学内涵 提升音乐人文素养[J].启迪与智慧：教育版(中),2016(6)：26—27.

续 表

评价项目	评价内容	得分
互动	1. 课堂上师生互动、合作效果。(10分) 2. 参与提问、回答、互动的人数。(5分) 3. 参与提问、回答效果怎样？(5分) 4. 是否具有良好的互动、合作习惯？(5分)	
达成	1. 对歌曲的掌握和表现达成度。(10分) 2. 每个环节的学习目标是否达成？(10分)	

三、创设"灵动社团"，发展音乐学习兴趣

社团活动作为学校课堂教育的延伸，发挥着重要的作用。不仅能充分发挥学生的个性风采，锻炼学生的艺术能力，还有利于塑造学生完善人格，更是学校精神建设的有力抓手。基于此，我校音乐学科试图以创办社团为途径，满足学生个人发展需求，表现个性、展露风采，陶冶情操，发展个性，启迪智慧，丰富和发展形象思维，激发创新意识和创造能力为目标，全面提升学生的素质。

（一）"灵动社团"的创建与实施

依据音乐课程改革的实施和当前整个教育形式的发展变化，社会对音乐教师专业化的要求越发全面越发细致。我校自建校以来，就开展了体育艺术"2+1"活动。如何就当前发展形势打造一支精致的音乐教师队伍，成为我校音乐教研工作的一个重点。音乐社团是当前社会新兴的一种团队，其宗旨是以活跃校园文化的目的，加强学术交流，激发同学自我展现热情，锻炼学生交际能力，增强学生的表达能力，激发学生自我展示的热情，从而提高学校的艺术氛围和底蕴。[1]

---

[1] 吴培娟.浅谈学校音乐社团创建与实施[J].作文成功之路：教育新干线(中),2015(3).

1. "灵之声"合唱社团：合唱团以"让学生接受艺术熏陶，培养兴趣，发展学生个性、陶冶情操、弘扬民族文化"为宗旨，通过歌声和各种形式的交流，发挥合唱队这种以特殊形式出现的"教书育人"的作用。它的成立有利于活跃校园艺术氛围，进一步推进学校素质教育的发展。

2. "灵之曲"京剧社团：社团秉承弘扬国粹的精神，开展了一系列活动，如进行身段基本功练习、技巧发声，念白、吐字规音、戏曲知识、历史人物、戏曲表演、名家名段的学习等，在我校师生中反响热烈，在校园文化建设中，增添了闪耀的一笔。在孩子们的心中，唱京剧，扬国粹，自己能登台表演是一件十分快乐的事情，不仅锻炼了自己，还增强了自信。

3. "灵之音"萨克斯社团：我校萨克斯重奏乐团在校领导的大力支持和贴心关怀下，从组团之初就备受教体局领导和各所兄弟学校的广泛关注，期间多次接受教育部考察组、省政协领导、东湖区教科体局领导的参观和督导，备受赞许和好评！成为阳明学校建校以来一道亮丽的"风景线"，为"阳明文化"增光添彩。

4. "灵之乐"鼓号社团：军鼓队，是学校的一个重要的对外形象，它是少先队检阅式、主题队会式、各种仪式及重大活动不可缺少的一支队伍。我们要发扬"敢于竞争，富于创新，善于协作，乐于奉献"的精神，培养学生的不怕苦不怕累的坚强意志，为学校争光。

5. "灵之韵"舞蹈社团：本着推动校园文化发展，丰富校园学生文艺舞台及我校师生课余生活的宗旨，我们一直在不懈努力着。我们希望学生们能够通过舞蹈社团的活动升华对艺术的理解及领悟能力；并借助舞蹈的桥梁大胆自信地表演自我、展示自我、陶冶情操。在学校的文艺活动中，舞蹈社多次选送精美的舞蹈节目参加演出并获得校领导和师生们的一致好评。

基于以上社团的开展，我校音乐组出台了相应的社团章程、学生社团管理制度等，努力使社团工作有章可循，逐步摸索出既贴近学生实际需求，又符合学生社团发展规律的方法。

在艺术类的社团课程群里，既要锻炼学生的艺术技能，提高学生审美能力,传承祖国传统文化,同时也要陶冶学生情操,培养学生良好品格和团结协作的群体意识。

(二)"灵动社团"评价方式

为保证社团活动质量,提升社团活动品质,针对各个社团不同的内容形式,设置相应的社团活动评价表。

1."灵之声"合唱社团评价。对"灵之声"合唱社团的评价主要从情感与态度、行为与习惯、能力与发展等维度进行评价。具体评价标准如下(见表2-5)。

表2-5 "灵之声"合唱社团评价表

评价维度\姓名	情感与态度		行为与习惯		能力与发展			评价结果(优秀、良好、一般)
	按时参加社团活动,不迟到,不早退。	活动中状态积极,能按要求进行训练。	具有良好的演唱状态。	乐于参与合作演唱和音乐实践活动。	音准、节奏正确,与指挥的动作配合默契。	吐字清楚,发音正确;音质美,音色富有变化;声音统一、整齐、和谐。	能大胆、自信地歌唱,投入感情、有适当的表情,动作自然、适宜。	

2."灵之曲"京剧社团评价。对"灵之曲"京剧社团的评价主要从情感与态度、行为与习惯、能力与发展等维度进行评价。具体评价标准如下(见表2-6)。

表2-6 "灵之曲"京剧社团评价表

评价维度\姓名	情感与态度		行为与习惯		能力与发展			评价结果（优秀、良好、一般）
	按时参加社团活动，不迟到，不早退。	活动中状态积极，能按要求进行训练。	每次活动穿戴好训练服装和鞋子。	乐于参与课堂中京剧唱段表演。	咬字吐字清晰、音调节奏准确、演唱熟练。	身段、动作、眼神协调。	能大胆、自信地演唱，投入感情，动作自然、适宜。	

3. "灵之音"萨克斯社团评价。对"灵之音"萨克斯社团的评价主要从情感与态度、行为与习惯、能力与发展等维度进行评价。具体评价标准如下（见表2-7）。

表2-7 "灵之音"萨克斯社团评价表

评价维度\姓名	情感与态度		行为与习惯		能力与发展			评价结果（优秀、良好、一般）
	按时参加社团活动，不迟到，不早退。	活动中状态积极，能按要求进行训练。	具有良好的收放整理乐器习惯。	知道爱护乐器，在停止演奏时正确放置乐器。	能掌握正确的吹奏姿势和方法。	有良好的识谱能力，能准确吹奏出音高和节奏。	能看懂指挥手势，与同伴合作演奏。	

4. 对"灵之乐"鼓号社团的评价主要从情感与态度、行为与习惯、能力与

发展等维度进行评价。具体评价标准如下(见表2-8)。

表2-8 "灵之乐"鼓号社团评价表

评价维度\姓名	情感与态度		行为与习惯		能力与发展			评价结果(优秀、良好、一般)
	按时参加社团活动,不迟到,不早退。	活动中状态积极,能按要求进行训练。	具有良好的收放整理乐器习惯。	知道爱护乐器,在停止演奏时正确放置乐器。	能掌握正确的吹奏姿势和方法。	有良好的识谱能力,能准确吹奏出音高和节奏。	能看懂指挥手势,与同伴合作演奏。	

5."灵之韵"舞蹈社团评价。依据学生在社团活动中的表现,从健康、学习、艺术、团队、展示五个方面进行评价。具体评价标准如下(见表2-9)。

表2-9 "灵之韵"舞蹈社团评价表

序号	姓名	健康	学习	艺术	团队	展示	评价结果(优秀、良好、一般)
		身体协调性、灵活性、体能状况	参与活动是否有积极性、有热情	对音乐节拍、音乐情绪是否敏感	是否有团队合作意识	展示是否完整,流畅、动作完成是否到位	
1							
2							
3							
4							

四、举办"灵动音乐节",提升音乐素养

校内举办音乐节活动不仅能够发现和挖掘优秀的音乐人才,提高学生的审美情趣,还能培养学生的音乐创新能力和实践能力,丰富校园文化生活,提升音乐素养。

(一)"灵动音乐节"的设立与实施

我校以"致良知"作为学校的核心文化,秉承"让每一个孩子的心灵澄明敞亮"的办学理念,每年 3—6 月举办"灵动音乐节",开展"声乐比赛""器乐比赛""舞蹈比赛""校园短剧表演"等活动。以此展现师生艺术风采,深化艺术教育,打造高雅校园、魅力校园、生机校园。进一步激发学生对艺术的兴趣,促进学生的全面发展。具体活动的设立与实施如下(见表 2-10)。

表 2-10 "灵动音乐节"的设立与实施

活动名称	活动形式	组织实施
合唱比赛	每支队伍唱两首:一首中文、一首外文	每年三月举行,分为小学组和中学组,以班级为单位报名。 合唱人数 40 人以上不超 50 人,统一服装;需用钢琴伴奏。
器乐比赛	独奏、齐奏或合奏 不限乐器	每年四月举行,分为小学组和中学组,可以年级为单位报名也可以班级为单位报名,需背谱演奏。齐奏不超过 20 人,合奏不超过 8 人。
舞蹈比赛	独舞、群舞 不限舞蹈种类	每年五月举行,分为小学组和中学组,可以年级为单位报名也可以班级为单位报名。群舞不超 40 人。要求着表演服装。
校园情景剧表演	题材不限,题目自拟。主要以学生身边的人和事为主要内容,通过情景剧的形式抒发自己的内心感受	每年六月举行,分为小学组和中学组,以年级为单位报名。主要演员人数不少于 8 人,不超过 11 人。剧目中要加入音乐、舞蹈等元素。

（二）"灵动音乐节"评价方式

一个活动的实施，必须要有一套系统的评价体系与之相配合，这样才能使其发挥到最佳效果。针对"灵动音乐节"各项比赛活动内容形式，我校设置了相应的比赛活动评分表。

1. "灵动音乐节"合唱比赛评分标准如下（见表2-11）。

表2-11 "灵动音乐节"合唱比赛评分表

班级			得分
精神面貌（10分）	学生精神饱满、富有朝气，队形排列合理、纪律良好，行动整齐、上下台有序。		
指挥（10分）	指挥节奏正确，与伴奏音乐的速度一致，动作大方、到位，具有驱动力。		
艺术表现（70分）	准确（15分）	音准、节奏正确、与指挥的动作配合默契。	
	音质（15分）	吐字清楚，发音正确；音质美，音色富有变化；声音统一整体和谐。	
	表现力（15分）	能大胆、自信地歌唱，投入感情、有适当的表情，动作自然、适宜。	
	整体效果（15分）	具有韵律感、风格感，艺术总体的完整性及感染力强。	
	特色（10分）	有（领、齐、轮、声部）唱等其他各种演唱形式。	
服装、伴奏（10分）	演出服装相对整齐，统一，音响伴奏清楚。选择合适。		
总分			

2. "灵动音乐节"器乐比赛评分标准如下（见表2-12）。

表 2-12 "灵动音乐节"器乐比赛评分表

班级/年级		曲目	
评 分 标 准		分　数	
一、乐器的演奏姿势,手形(口形)指法等正规。方法正确,基本功扎实,无不良的演奏方法。(20分)			
二、能完整流畅地完成作品。(20分)			
三、音准、节奏准确,演奏效果好。(20分)			
四、具有良好的舞台风貌和精神面貌。(20分)			
总分			

3. "灵动音乐节"舞蹈比赛评分标准如下(见表 2-13)。

表 2-13 "灵动音乐节"舞蹈比赛评分表

班级/年级		节目名称		
项目	评 分 标 准		分值	得分
1	舞蹈整体编排具有合理性、连贯性、完整性。		20	
2	舞蹈的编排、表演形式新颖有创意。		10	
3	对舞蹈音乐的理解准确,舞蹈动作吻合音乐旋律,有节奏感。		10	
4	表演过程中动作流畅协调,表现力和技巧性强。		20	
5	舞蹈表演抒发健康情怀,能够展现学生风采。		20	
6	表演者精神饱满、台风端正,现场反应良好,如遇突发情况处理得当。		10	
7	服装造型符合舞蹈表演形式。表演者表演过程中流露出一种良好的艺术气质,营造出一个良好的舞台效果。		10	
合计得分				

4. "灵动音乐节"校园情景剧比赛评分标准如下(见表2-14)。

表2-14 "灵动音乐节"校园情景剧比赛评分表

年级		节目名称		
评分项目		具 体 细 则		得分
内容(20分)		主题突出,内容向上,贴近校园生活,反映环保教育理念。(20分)		
表演(60分)	语言(20分)	思想健康,语言文明,吐字清晰。(10分) 每有一人吐字含糊、发音不准,扣1分。		
		富有感情,有感染力。(10分) 每有一人表演不入戏,扣1分		
	肢体表演(20分)	表演自然,表现主题充分,体态大方得体,台风端正。(20分) 每有一人表演木讷,故意扰乱表演气氛,扣1分。		
	表演效果(20分)	表演效果良好,能引起观众共鸣,有配合剧情需要的道具。(20分)		
整体配合(20分)		配合默契,表现连贯。(20分) 每有一人出现一次失误(忘词、抢词),扣1分。		
展现形式及效果(20分)		情景剧中能加入适量的音乐、舞蹈等艺术元素与表演结合,且效果好,富有美感。		
总分				

五、举办"班级音乐会",唱响音乐之声

在新课程理念的指导下,对学生的评价方式也在不断创新。开展班级音乐会不但能充分激发全体学生对音乐学科的热爱,给学生营造一种良好的音

乐氛围,促进孩子们积极参与音乐活动,增强他们学习音乐的兴趣,更能使他们克服胆小、害羞的缺点,增强孩子们的自信心,使他们在音乐活动中体验成就感,同时也能培养学生团结、合作的精神,乐观的人生态度,培养学生创新的能力。

(一)"班级音乐会"活动设立与内容

"班级音乐会"是以一个班级、一个学期为单位,以音乐教材内容为主,以全体学生参与、各尽所能为活动宗旨,由学生"自编、自导、自演",老师给予适当的指导为原则,以音乐的方式,综合唱、跳、演、奏等形式进行节目表演,通过对"班级音乐会"进行自评、互评、师评相结合的方式,对学生进行终结性评价的一种音乐考核新模式。

(二)"班级音乐会"评价方式

在"班级音乐会"的教育评价上,要避免传统教育评价中的不足,在其评价产生的过程中,充分考虑并体现学生的主体地位,激励学生参与、互动的热情,鼓励学生主动参与。在评价中,把评价权交给学生,通过评价提高学生自我选择、自我反思、自我评价的能力,最终促进学生的自我发展。充分尊重学生的个体差异和个性特点,同时鼓励学生之间相互合作,倡导让学生在评价中学会合作,使学生在自我评价与他人评价中,得到共同发展,发挥评价的教育性功能。

"班级音乐会"的终结性评价,紧紧围绕学生开展艺术实践活动,引导全体学生积极、主动、健康地参与音乐实践活动,激活学生的表现欲望和创造冲动。通过亲身参与来展现自己的个性和创造才能,同时能够帮助学生找回属于自己的自信心,因此,"班级音乐会"的评价等级按棒、OK、加油给予评定[①]。教师要发现他们的亮点,使学生的个性闪现光彩,关注不乐意表演、态度不积

---

① 吴晓燕.班级音乐会的评价模式[J].广东教学报·教育综合,2017(26).

极的孩子,帮助他融入进来。凡是参与的孩子,要鼓励并帮助他们在音乐会上找到自己合适的位置,使成功的喜悦伴随着孩子们的学习始终,让学生在同伴和老师面前充分地展现他们自己的实践能力和音乐才华,在下一次的班级音乐会中有更出色更自信的表演。这是一次很好的锻炼和考验,音乐会给平时紧张的学习注入了一股活力,使校园文化充满艺术的气息。

开展好"灵动音乐"课程,这是目前音乐组成员共同的教学追求。那么,加强教师课程方面的专业培训就显得尤为重要,因为这是保证课程具有长久生命力的重要措施:"灵动"音乐大讲堂将校外的教育专家请进来,为教师进行专题性业务培训,做有关课堂文化及音乐学科专业方面的报告及指导,落实"灵动"音乐的教育教学;实施名师导师制度,选派名师对青年教师进行传、帮、带等指导性工作。定期听、评所负责的青年教师常规课,青年教师听自己导师常规课,加强交流,及时总结;成立专家、骨干教师、名师、班子组成的质评小组,建立相应的校内评估机制,定期评估规划的实施,并及时调整、完善规划,达到课程实效最大化。

总之,学校的"灵动音乐"课程建设是一项繁重而艰巨的任务,是一项系统工程。做好课程建设方案只是落实和实施的第一步,如何走好前面的路,才是我们即将要面对的巨大挑战。千里之行,始于足下,不积跬步,无以至千里,我们要敢于前进,不断积累,善于总结,奏响"灵动音乐"的学科课程建设旋律,开创学校音乐教育新局面。

(执笔人:陈文磊 魏雨宣)

第三章

秉精要

逻辑思维的清晰精到

一如古人所言"今世教童子读四子书者,往往摘注精要者读之"、"读书初如不措意,已尽得其精要",人心自秉其精要。 我校将数学学科课程理念定位为"人文数学",学生不仅掌握必备的基础知识和基本技能、形成抽象思维和推理能力,还体会数学的历史性、艺术性和趣味性及相应的人文价值,激发学生不断进行数学探索的热情。 我们希望数学教育不仅仅是"1+1= 2"的单纯知识传递过程,它还是一种展示人类理性探索求知精神的潜移默化的影响过程,是一种数学文化历史的传承过程,是一种完善人格的教育过程。

引数学操作启数学智慧

南昌市阳明学校中小学数学学科教研组有 7 组,共计 19 人。师资队伍良好,中小学一级教师及以上 12 人,年轻骨干教师 8 人。数学教研组秉持"引数学操作启数学智慧"的课程理念,充分发挥团队合力。依据学校制订的"致良知"课程规划,教研组认真开展教研组活动和备课组活动,积极参加省市区各级各类教研活动,多人次在江西省、南昌市、东湖区各级优质课、论文比赛中获奖。以教研组为单位开展教学研究,建立教研组命运共同体,依据数学组每位教师的特点丰富各自教学特色,逐步形成教学主张,让数学的智慧在课堂上轻舞飞扬。

第一节 感受数学智慧

一、学科价值观

《义务教育数学课程标准(2011 年版)》指出:"数学是研究数量关系和空间形式的科学。数学与人类发展和社会进步息息相关,随着现代信息技术的飞速发展,数学更加广泛应用于社会生产和日常生活的各个方面。数学作为对于客观现象抽象概括而逐渐形成的科学语言与工具,不仅是自然科学和技术科学的基础,而且在人文科学与社会科学中发挥着越来越大的作用。特别是 20 世纪中叶以来,数学与计算机技术的结合在许多方面直接为社会创造价值,推动着社会生产力的发展。"

数学作为一门理科性质的学科,能够发展和培养人的理性思维。理性思维是一种有明确的思维方向,有充分的思维依据,能对事物或问题进行观察、比较、分析、综合、抽象与概括的一种思维。理性思维是人类思维的高级形式。人类要认识这个世界,要适应这个社会,必然就要有足够的本领,理性思维就是我们一个非常重要的武器。理性的对待、冷静的思考必然会得出更为适合的结论,更为有效解决问题的方法。数学凭借它那种科学的、条理的、循序渐进的步骤和思考模式有效地促使了我们理性思维的形成。

根据《教育心理学》,小学阶段的儿童认知具有相对的具体性,较难进行抽象的运算思维,初中阶段学生的认知是一个由具体运算阶段到形式运算阶段的过程,他们可以进行抽象思维,处理假设性问题和思考可能性。结合课标中指出的"培养学生的创新意识和实践能力,促进学生在情感、态度与价值观等方面的发展",以及学生在实际学习中两极分化的特点,我们希望数学教育不仅仅是实现"1+1=2"的单纯知识传递过程即知识技术功能,它还是一种展示人类理性探索求知精神的潜移默化的影响过程,是一种数学文化历史的传承过程,是一种完善人格的教育过程即文化素质功能。因此,我校将数学学科课程理念定位为"人文数学",学生不仅掌握必备的基础知识和基本技能、形成抽象思维和推理能力,还要体会数学的历史性、艺术性和趣味性及相应的人文价值,激发学生不断进行数学探索的热情。倡导培养学生具有实事求是、勇于创新、严谨踏实的科学态度,具有顽强学习和战胜困难的坚强意志,具有周密细致分析问题和创新解决问题的逻辑思维,具有善于独立思考又善于协作学习的精神、具有欣赏美和创造美的美学修养等数学品质。[①]

二、 学科课程理念

人文精神的含义是提倡人本主义,维护人的自尊和价值,尊重个人差异,鼓励解脱天性,追求平等自主,赞颂无私的价值观和世界观,倡导修养的提升、心性的锤炼、气质的养成。那么,数学的人文精神是什么? 所谓数学的人

---

① 李立果.中学生数学素养的培养[J].青少年日记(教育教学研究),2014(10):97.

文精神，其实质是人文视角下的数学精神，囊括了人类思想、意识、情怀等无法以逻辑诠释的品质，主要体现在数学家们在对真理的探索中所表现的不知疲倦、不畏艰难、只向真理低头、勇于想象、敢于质疑的精神中。我校人文取向的数学，即数学的人文特性，是从人文文化的视角看待数学，聚焦于数学的历史所蕴含的人文精神与智慧、数学与艺术的结合所创生的截然不同的审美意蕴，以及数学游戏、魔术等富含趣味、充满挑战和想象力的特质。

（一）人文化的科学知识

展现国内外数学家的业绩、奋斗历程，实施数学情感教育；回归本真教育价值，让学生了解数学概念、符号、原理、公式等产生、发展、趋于完善的过程，并领会这个过程中数学家所发明的经典的思想与方法。将数学家的故事有机融入数学学习的过程中，激励学生向数学家们学习，学习他们认真求知、不倦探索的精神，学习他们不为名利、默默专注于研究的态度，努力实现《课程标准》所倡导的"培养学生热爱数学的情感、态度、价值观"。

长期以来，数学以其特有的逻辑性与严密性，曾以训练人的心智为目的，被誉为"思维的体操"。然而随着时间的推移，很多数学家提出，数学不能仅作为人们将来从事研究数学或锻炼人心智的一种工具，数学是科学，更是一种文化，是人类智慧的结晶，它的双重性决定了作为教育任务的数学价值取向应是多元的。[①] 数学教育应该是人文教育和科学教育的互相渗透。在数学教育的过程中，不仅要传授知识、培养能力，而且也要进行文化熏陶、素质培养，两者缺一不可。我们要让数学教育在传授科学的同时，还要放射人性情感的光芒，培养的不仅是未来的"科学人"，还是"文化人"。因此，我们可以从关注学生需求入手，尊重学生，在课堂中建立民主平等的人际交往关系，创新教育内容，激发学生兴趣，提高教学效率，从而促进学生身心健康、全面、和谐、可持续发展。

---

① 吴梅香.让人文思考走近数学课堂[J].教育理论与实践,2008(17)：57—58.

（二）人文化的数学应用

马丁·加德纳说："唤醒学生的最好的办法是向他们提供有吸引力的数学游戏、智力题、魔术、笑话、悖论、打油诗，等等。"数学游戏是严肃数学的另一种活泼的表现形式，使之更生动，易于理解而又颇具趣味性。2002年8月，在北京举行的国际数学家大会上，数学大师陈省身为少年儿童题词"数学好玩"四个大字。其实，人们的生活中处处都有数学的影子，数学来源于生活，也必须扎根于生活，应用于生活。人文数学与生活紧密联系，教师创造条件让学生体会数学来源于生活又应用于生活的特点，让学生切实感受到生活中处处有数学，引导学生把数学课堂中所学的知识和方法应用于生活实际之中。"人文数学"关注学生的世界和生活方式，从学生已有的生活经验出发，唤醒人的生命意识，启迪人的精神世界，真正让数学知识生活化。

（三）人文化的艺术审美

数学渗透艺术，使数学在一定程度上更具体、更活泼、更具有表现力和吸引力。音乐、美术等艺术的美，大部分我们都可以直观感受，在音乐和美术的背后也蕴含着数学规律的美。如音乐的节拍、音符和音程可以运用数学中的分数计算；钢琴的琴键的音程正好是斐波那契数列；乐曲的结构有的符合对称美有的是黄金分割；达·芬奇的名作《蒙娜丽莎》《最后的晚餐》……莱布尼茨所说："音乐是心灵的算术练习。"当数学的美是具体的、可以感受的、可以表现出来的，学生们就有不断深入探索的兴趣。数学与艺术，从思维方式来看，数学思维方法突出特点在于，将客观现实中事物从量的侧面，通过人的头脑抽象为数学概念，借助数学概念进行推理活动，因而要求概念具有确切性、简明性和一义性；而艺术思维方式突出特点在于，借助人脑中的主观印象或表象或意象进行思维，因而具有相对的人文性、具体性和感性化。艺术与数学相互融合，无论是数学还是艺术都要在一定世界观的指导下，经历从现象到本质，从感性到理性的过程，从而达到对事物的本质认识和实际改造。[①]他们都是采用各自特定的符号表述自然,刻画社会,揭示心灵,以推动社会的发展和人类文明的进步,促进人的全面发展,培育一代代的新人。

第二节 欣赏数学智慧

一、学科课程总目标

《义务教育数学课程标准(2011年版)》指出:数学课程能使学生获得适应社会生活和进一步发展所必需的数学的基础知识、基本技能、基本思想、基本活动经验;体会数学知识之间、数学与其他学科之间、数学与生活之间的联系,运用数学的思维方式进行思考,增强发现和提出问题的能力、分析和解决问题的能力;了解数学的价值,提高学习数学的兴趣,增强学好数学的信心,养成良好的学习习惯,具有初步的创新意识和实事求是的科学态度。即获得"四基",增强能力,培养科学态度。为了实现这一总目标要求,着力培养学生的"数感、符号意识、空间观念、几何直观、数据分析观念、运算能力、推理能力、模型思想、应用意识和创新意识"十大数学核心素养(见表3-1)。

表3-1 "人文数学"目标表

知识与技能	1. 经历数与代数的抽象、运算与建模等过程,掌握数与代数的基础知识和基本技能。 2. 经历图形的抽象、分类、性质探讨、运动、位置确定等过程,掌握图形与几何的基础知识和基本技能。 3. 经历在实际问题中收集和处理数据、利用数据分析问题、获取信息的过程,掌握统计与概率的基础知识和基本技能。 4. 参与综合实践活动,积累综合运用数学知识、技能和方法等解决简单问题的数学活动经验。

---

① 张玉峰.数学与艺术的关系[J].辽宁师范大学学报,2007(1):26—27.

续　表

数学思考	1. 建立数感、符号意识和空间观念,初步形成几何直观和运算能力,发展形象思维与抽象思维。 2. 体会统计方法的意义,发展数据分析观念,感受随机现象。 3. 在参与观察、实验、猜想、证明、综合实践等数学活动中,发展合情推理和演绎推理能力,清晰地表达自己的想法。 4. 学会独立思考,体会数学的基本思想和思维方式。
解决问题	1. 初步学会从数学的角度发现问题和提出问题,综合运用数学知识解决简单的实际问题,增强应用意识,提高实践能力。 2. 获得分析问题和解决问题的一些基本方法,体验解决问题方法的多样性,发展创新意识。 3. 学会与他人合作交流。 4. 初步形成评价与反思的意识。
情感与态度	1. 积极参与数学活动,对数学有好奇心和求知欲。 2. 在数学学习过程中,体验获得成功的乐趣,锻炼克服困难的意志,建立自信心。 3. 体会数学的特点,了解数学的价值。 4. 养成认真勤奋、独立思考、合作交流、反思质疑等学习习惯,形成实事求是的科学态度。

具体目标基本上可以分为三个层次:

第一个层次是知识与技能,这是掌握方法、发展能力和意识,是形成积极的情感态度、全面的价值观最基本最重要的基础;第二个层次是过程与方法,在过程中掌握方法、形成能力,在过程中发展意识,比如数学思想、应用意识、创新意识;第三个层次是情感态度价值观,这是落实立德树人及对人的全面和谐发展和社会发展的更高层次的要求。

总目标的这四个方面,不是相互独立和割裂的,而是一个密切联系、相互交融的有机整体。在课程设计和教学活动组织中,应同时兼顾这四个方面的目标。数学思考、问题解决、情感态度的发展离不开知识技能的学习,知识技能的学习必须有利于其他三个目标的实现。

二、学科课程年级目标

根据教材及教参,我校提出如下数学学科课程目标(见表3-2)。

这些目标的整体实现,是学生受到良好数学教育的标志,对学生的全面、持续、和谐发展有着重要的意义。

我们知道数学水平的高低对一个国家的发展来说是非常重要的,所以每一个孩子都应该得到好的数学教育。我们引导学生积极参与数学生活,激发学生对数学的好奇心和求知欲,同时能够体会数学的特点,了解数学的价值。在数学学习过程中,学生能够体验获得成功的乐趣,锻炼克服困难的意志,建立自信心。养成认真勤奋、独立思考、合作交流、反思质疑等学习习惯,形成实事求是的科学态度。

总之,我校将秉承"人文数学"的数学学科理念,围绕数学课程总目标和四个方面的具体目标,发展学生数学抽象、逻辑推理、数学建模、数学运算、直观想象、数据层分析等六大数学学科核心素养,培养具有扎实"四基"、较强能力、科学态度的青少年。

第三节 生成数学智慧

我校"人文数学"课程框架架构的依据是学校"致良知"体系的总体框架,设立数学课程群(见图3-1)。

图3-1 "人文数学"课程框架架构图

一、学科课程结构

依据国家教育方针政策,我校的基础课程,主要以国家统编教材为教学媒介,全面有效实施国家课程。拓展课程是依据中小学数学学科的课程标准、儿童(学生)的年龄发展

表 3-2 "人文数学"年级目标表

	知识与技能	数学思考	解决问题	情感与态度
一年级	1. 经历从日常生活中抽象出数的过程,理解100以内数的意义。 2. 在理解数的基础上能运用一一对应等活动比较物体数量的多少,并引导学生学会用抽象的数字、符号表示具体数量的大小关系。 3. 借助解决加减法计算,体会加减法运算的意义,培养学生解决问题的策略和能力。 4. 在经历观察、想象和交流的操作活动中,积累认识立体图形和平面图形的活动经验,初步建立空间观念。感受图形与日常生活的密切联系,激发学习图形的兴趣。 5. 经历简单的数据收集、整理、分析的过程,了解简单的数据处理方法。	1. 初步学会从数学思维的角度观察事物的方法,如:比较简单物体的长度、大小、轻重等活动。 2. 结合生活实际感受简单数据的收集、整理信息的过程,具有对简单事物和简单信息筛选、比较、分类的意识,渗透简单的统计思想。 3. 在观察、猜测、验证等活动中发展学生的有序思考、语言表达的能力,语言表达的完整性。	1. 培养学生积极参与数学学习活动,能从生活中发现并提出数学问题,了解解决数学问题的能力,从而达到学以致用。 2. 能够根据不同的标准对事物或数据进行分类,感受分类与生活的密切联系。 3. 能对简单的几何图形进行简单的分类,并能联系情境描述一些物体的相对位置。	1. 愿意了解生活中与数学相关的信息,积极主动参与数学学习活动。 2. 能在老师和同学的鼓励、帮助下,在数学活动中遇到的某些困难,克服获得成功的感受。 3. 在运用数学知识和方法解决问题的过程中,初步养成乐于思考、勇于质疑等良好品质。

续 表

	知识与技能	数学思考	解决问题	情感与态度
二年级	1. 联系生活实际认识万以内的数,理解数的实际含义;借助四则运算准确进行运算比赛,增强计算能力。 2. 通过观察、操作等数学活动,认识简单的平面图形,感受平移、旋转、轴对称现象;认识物体的相对位置,画图,掌握初步的测量、识图技能,发展空间观念。 3. 经历简单的数据收集和整理过程,了解调查数据的基本方法,能看懂他人对调查数据的记录,会运用整理数据的方式呈现自己的结果。	1. 体会数学与生活联系,体会乘、除法运算的意义。 2. 在对运算结果进行估计的过程中发展数感。 3. 在解决熟悉的问题中,体会数据调查和收集整理数据的必要性。能对调查得到的简单数据进行归类,体验从数据中蕴涵着信息。	1. 能从地铁达人、花样测量等实践活动中发现和提出简单的数学问题并尝试解决。 2. 通过班级小管家、小小导购员等活动让学生能在生活中解决统计与概率相关的问题。 3. 了解分析问题和解决问题的方法,知道一个问题可以有不同的解决方法。	1. 通过跳方格、奇妙的24点等游戏实践计算的乐趣,增强学生的计算兴趣。 2. 通过交流养成接纳鉴赏他人意见的良好习惯,在表达自己意见的过程中增强自信心和创造力,以及对数据调查的兴趣。 3. 能倾听别人的意见,尝试提出建议,知道应该尊重客观事实。
三年级	1. 经历从日常生活中抽象数的过程,初步认识分数和小数;会比较数的大小,并进行简单的计算。	1. 能结合具体情境进行估算,进一步发展估算的意识和能力,并发展数感。	1. 经历麦田里的数学等系列实践活动,体验运用所学的知识、思想和方法解	1. 通过探索时间的规律、文化等活动,充分感受到合理安排时间和惜时守信的

续 表

知识与技能	数学思考	解决问题	情感与态度
2. 在解决现实问题的过程中，经历抽象出混合运算式的过程，理解混合运算的意义和运算顺序，能准确进行运算，体会混合运算与生活的密切联系。 3. 结合具体情景认识质量单位千克、吨，认识年、月、日，了解它们之间的关系，认识24时计时法，并能计算简单的经过时间。 4. 结合具体实物或图形，通过观察、操作、比较，归纳等活动认识周长和面积，理解周长和面积的实际含义，初步建立周长和面积的概念。 5. 经历简单的数据收集和分析的过程，了解简单的数据处理方法，能用自己的方式呈现整理数据的结果。	2. 经历分析轴对称图形特征和观察物体平移、旋转运动的过程，发展空间想象能力。 3. 经历简单的数据收集、整理和分析的过程，了解简单的数据处理方法，体验数据中蕴涵的信息。 4. 经历对生活中的某些现象进行推理判断的过程，能够对这些现象进行合理的分析，会用语言清晰地表达自己的想法。	1. 经历发现和提出问题、分析和解决实际问题，感受数学在生活中的作用。 2. 了解分析问题和解决问题的一些基本方法，知道同一个问题可以有不同的解决方法。 3. 尝试回顾解决问题的过程。 4. 能对数据进行简单分析，了解简单的数据处理方法，解决简单的实际问题。	1. 重要性。养成热爱生命、珍惜时间的好习惯。 2. 在与同伴的合作学习中，感受成功，能尝试克服困难。 3. 在剪纸等实践操作活动中，激发数学的兴趣和好奇心。 4. 在整理数据的过程中，初步养成认真、仔细的良好习惯。 5. 在实践操作、讨论交流等活动中积累经验，初步养成独立思考，勇于探索的习惯。

续 表

	知识与技能	数学思考	解决问题	情感与态度
四年级	1. 经历收集日常生活中常见大数的过程，认识亿以内的数；理解小数的意义，了解负数的意义；掌握必要的运算技能；理解方程的意义，能用方程表示简单的数量关系，能解简单的方程。 2. 探索线与角的形状、大小、位置关系，了解三角形和四边形的基本特征；了解确定位置的一些基本方法；掌握识图和画图的基本方法。 3. 经历数据的收集、整理和分析的过程，掌握一些简单的数据处理技能；体验简单随机事件和事件发生的可能性。 4. 能借助计算器解决简单的应用问题。	1. 初步形成数感和空间观念，感受符号和几何直观的作用。 2. 通过实例感受简单的随机现象，体验随机事件发生的可能性有大小，并对可能性大小作出定性描述。 3. 会独立思考，体会数学的一些基本思想。	1. 借助奥运中的数学、电影票里的数学问题等具体情景，尝试从中发现并提出简单的数学问题，并运用知识加以解决。感受数学在生活中的应用，发展应用意识。 2. 能探索分析和解决简单问题的有效方法，了解解决问题方法的多样性。 3. 经历与他人合作交流解决问题的过程，初步尝试解释自己的思考过程。 4. 能回顾解决问题的过程，初步判断结果的合理性。	1. 借助大数据以及计算器的使用、算盘文化等，了解社会生活中与数学相关的信息，主动参与数学学习活动。 2. 在他人的鼓励和引导下，体验克服困难、解决问题的过程，相信自己能够学好数学。 3. 初步养成乐于思考、勇于质疑、言必有据的良好品质。

续　表

	知识与技能	数学思考	解决问题	情感与态度
五年级	1. 经历探索数的有关特征的活动，认识自然数和整数、奇数和偶数、质数和合数、倍数和因数。 2. 探索长方体、正方体立体图形的形状、大小和位置关系，深入认识并掌握长方体的基本特征；结合具体情境，探索平面图形面积公式的推导过程，以及测量长方体的各部分棱长、表面积及体积，发展学生的空间观念。 3. 经历数据收集、整理和分析的过程，体会统计的作用，发展统计观念；通过实例，了解扇形统计图的特点与作用；能根据需要，选择合适的统计图，直观、有效地表示数据。	1. 进一步认识到数据中蕴含着信息，发展数据分析观念，通过实例感受简单的随机现象。 2. 在操作活动的过程中，能用分数的大小，可能性的简单描述，对一些简单的随机现象发生的可能性大小作出定性描述。	1. 利用数形结合的数学思想，表示因数与倍数的关系；能合理的借助几何直观正确表达分数应用问题中的相关数量关系，将复杂抽象关系的问题用清晰直观的图例来解决抽象的数学问题。 2. 经历实际生活调查、数据分析，选择适合自己的消费方式的过程，探索分析和解决简单问题的有效方法，了解解决问题方法的多样性。	1. 通过探究数学的相关现象，培养对数学的兴趣，能够主动参与数学学习活动。 2. 深入解读"鸡兔同笼"的数学文化，感受祖先的聪明才智，增强学好数学的自信心，初步养成乐于思考、勇于质疑、言必有据的良好品质。 3. 在运用数学知识和方法解决问题的过程中，认识数学的价值。

续 表

	知识与技能	数学思考	解决问题	情感与态度
六年级	1. 结合具体情境，理解小数和分数的意义，理解百分数的意义；会进行小数、分数和百分数的转化。 2. 认识中括号，能进行简单的整数、小数、分数、百分数四则混合运算。 3. 探索并了解运算律，会运用运算率进行简便计算。 4. 能选择合适的方法进行估算。能解决简单的实际问题。探索简单的规律。探索图形的形状、大小和位置关系，了解一些几何体和平面图形的基本特征；体验简单图形的运动过程，能在方格纸上画出简单图形运动后的图形，了解确定物体位置的一些基本方法；掌握测量、识图和画图的基本方法，能从平移、旋转和轴对称的方法认识图形。	1. 在观察、猜想、综合实践等学习活动中，培养学生有序思考的思维品质，发展合情推理能力，能比较清楚地表达自己的思考过程与结果。 2. 初步形成数感和空间观念，感受符号和几何直观的作用。 3. 会独立思考，体会一些数学的基本思想。	1. 经历简单的收集、整理和分析数据的过程，能解释统计结果，根据简单的判断和预测。通过尝试理财、绘制学校平面图等实践活动，了解相关项目反及信息，经历分析、对比、判断的过程，发展学生的应用意识。 2. 能探索分析和解决简单问题的有效方法，了解解决问题方法的多样性。 3. 通过应用和反思，回顾解决问题的过程，进一步理解所用方法，了解所学知识之间的联系。	1. 愿意了解社会生活中与数学相关的信息，主动参与数学学习活动。 2. 了解数学在生活中的广泛应用，逐步形成感受圆应用，坚持真理、严谨求实的科学态度。 3. 经历有目的、有设计、有步骤、有合作的实践活动。通过应用和反思，进一步理解所用的知识和方法，了解所学知识之间的联系，获得数学活动经验。

续 表

	知识与技能	数学思考	解决问题	情感与态度
七年级	5. 称的角度欣赏生活中的图案，并运用它们在方格纸上设计简单的图案。 1. 认识复式折线统计图，能解释统计结果，根据结果作出简单的判断和预测，并进行交流。 1. 通过经历从具体情境中抽象出符号的过程，认识有理数和代数式，掌握必要的数和代数式的运算（包括估算）技能，能运用方程、不等式探索具体问题中的数量关系和变化规律，并能运用方程和不等式来进行描述。 2. 学生在经历认识图形的初步认识过程中，掌握基本的识图与作图技能，认识最基本的图形——点和线，进而认识交角，相交线和平行线，掌握与此相关的基本推理技能。 3. 学生通过经历收集、整理、	1. 通过用代数式、方程、不等式等表述数量关系的过程，体会符号化的思想，建立模型意识；在确定物体位置过程中，发展空间观念。 2. 了解利用数据可以进行统计推断，发展建立数据分析观念。 3. 体会通过合情推理探索数学结论。 4. 能独立思考，体会数学的基本思想和思维方式。	1. 学会能结合生活实际的具体情境发现并提出数学问题。 2. 学会从不同的角度解决问题的方法，有效地解决问题，尝试对比评价不同方法之间的差异，并学会对解决问题过程的反思，从而获得解决问题的经验。 3. 学会在解决问题过程中与他人合作学习，养成独立思考与合作交流的习惯。	1. 学生通过初步认识数学与现实世界的密切联系，乐于接触生活环境中的数学信息，愿意参与数学话题的研讨，从中懂得数学的价值，形成应用数学的意识。 2. 学会敢于面对数学活动中的困难，勇于运用所学数学知识克服困难并获得成功的体验，从而树立学好数学的自信心。

续 表

	知识与技能	数学思考	解决问题	情感与态度
八年级	1. 了解整式、分式、二次根式的概念，能进行相关的运算，掌握乘法公式和因式分解的方法，探索具体问题中的数量关系和变化规律，掌握用分式、函数进行表述的方法。能用一次函数解决生活中的实际问题。 2. 探索并掌握三角形全等的判断，四边形相关的性质与判断，掌握基本的证明方法和基本的作图技能。探索并理解平面图形的轴对称基本性质。 3. 体会刻画数学集中程度的方法的意义，会计算简单数据的方差，能解释统计结果，根据描述、分析数据，做出判断并进行交流活动的全过程，体会数据处理的作用，掌握基本的数据处理技能，形成对统计的初步认识。	1. 通过用方程、函数等表述数量关系的过程，体会模型的思想；在研究图形的性质和运动过程中，进一步发展空间观念，经历借助图形思考问题的过程，初步建立几何直观。 2. 了解利用数据统计进行推断，发展初步的数据分析观念。	1. 学生能在数据的收集与表示中，学会收集、选择、处理数学信息，做出合理的推断或大胆的猜测，并能用实例进行检验，从而增加可信度或否定。 2. 经历从不同角度寻求分析问题和解决问题的方法的过程，体验解决问题方法的多样性，掌握分析问题和解决问题的基本方法。	1. 初步认识到数学活动是一个充满观察、实验、归纳、类比、推断可以获得数学猜想的探索学过程，体验到数学活动充满着创造性，感受证明过程的必要性，严谨性和结论的确定性。 2. 通过阅读学习，了解我国数学家在数学上的杰出贡献，从而增强民族的自豪感，增强爱国主义。

续表

	知识与技能	数学思考	解决问题	情感与态度
九年级	结果作出简单的判断和预测，并能进行交流。 1. 认识一元二次方程，掌握一元二次方程的解法，并能用一元二次方程解决实际问题，探索并掌握二次函数和反比函数的图像及性质，能用函数解决实际问题。 2. 探索并掌握与圆有关的位置关系，能进行相关的计算，探索、理解图形旋转的基本性质，探索并了解相似三角形的判定定理，能运用相似三角形解决一些实际问题，利用相似的直角三角形，探索并认识锐角三角函数，并能解决一些简单的实际问题。 3. 能通过列表、画树状图等方法列出简单随机事件所有可能发生的结果，以及指定事件发生的概率，知道通过大量地重复试验，可以用频率来估计概率。	1. 了解随机现象的特点。 2. 体会通过合情推理探索数学结论，运用演绎推理加以证明的过程，在多种形式的数学活动中，发展合情推理与演绎推理能力。 3. 学会能结合生活实际的具体情境发现并提出数学问题。	1. 初步学会在具体的情境中从数学的角度发现问题和提出问题，并综合运用数学知识和方法等解决简单的实际问题，增强应用意识，提高实践能力。 2. 在与他人合作和交流过程中，能较好地理解他人的思考方法和结论。 3. 能针对他人所提的问题进行反思，初步形成评价与反思的意识。	1. 积极参与数学活动，对数学有好奇心和求知欲。 2. 在运用数学表述和解决问题的过程中，认识数学具有抽象、严谨和应用广泛的特点，体会数学的价值。 3. 敢于发表自己的想法，勇于质疑，养成认真勤奋、独立思考、合作交流等学习习惯，形成实事求是的科学态度。

特点以及我校的育人目标而自主开发,拓展课程分为"运算高手""创意图形""实况调查""体验数学"四大类别,具体描述如下:

（一）运算高手

内容为数的运算及与运算相关联的趣味游戏等。开设的课程有"棋牌类游戏""计算之星""简算之星"等。"数与代数"是中小学数学基础课程的重要领域,开设与"数与代数"相关联的拓展课程,旨在建立学生的数感、发展学生的运算能力,激发学生学习数学的兴趣,助力学生理解运算的算理,寻求合理简洁的运算途径解决问题。

（二）创意图形

内容为拼搭图形、创造图形,以及设计创造空间模型。开设的课程有"七巧板""剪纸""设计地板图案"和"设计包装盒"等。"图形与几何"是中小学数学基础课程的重要领域,开设"图形与几何"相关联的拓展课程,注重发展学生的空间观念,经历拼搭(剪裁)图形的过程,体会图形之间的联系与变化,在活动中提高动手操作的能力,初步发展的创新意识,感受图形之美。

（三）实况调查

内容为数据的分类、收集、整理、分析,感受简单的随机事件及其结果发生的可能性有大有小。开设的课程有"我会整理""环保小卫士""完善图书角""精彩足球赛""设计游戏规则"等。"统计与概率"是中小学数学基础课程的重要领域,开设"统计与概率"相关联的拓展课程,注重发展学生的数据分析观念,经历在实际问题中收集和处理数据、利用数据分析问题、获取信息的过程,掌握数据收集、整理和分析的方法,能对数据进行归类,体验数据中蕴涵的信息,能根据数据分析的结果得出自己的结论或者提出合理的建议。

（四）体验数学

体验数学的内容不仅是用数学解决生活中真实存在的问题,还有了解历史上的数学产生和发展及古今中外数学家的故事,开设的课程有"数学绘本""制作年历""购物小达人""节约用水""生活中的数学"等。体验数学属于"综合与实践"课程,它是中小学数学基础课程的重要领域,开设"综合与实践"相关联的拓展课程,在于培养学生综合应用有关的知识与方法解决实际问题,培养学生的问题意识、应用意识和创新意识,积累学生的活动经验,提高学生解决现实问题的能力。

二、学科课程设置

根据"课标"及教材相关资料,我校"人文数学"课程设置如下(见表3-3)。

表3-3 "人文数学"课程设置表

实施年级	运算高手	创意图形	实况调查	体验数学
一年级上学期	棋类游戏	七巧板（一）	我会整理	分类整理书包、房间《李毓佩数学童话集》
一年级下学期	棋类游戏	七巧板（二）	搭配方案	购物算钱 数学绘本《圆角分》
二年级上学期	珠心算	搭积木（一）	古人身上的尺子	购物小达人 数学绘本《有趣的乘法》
二年级下学期	棋类游戏	剪纸（二）三国华容道	完善图书角	数独,名侦探柯南《百足虫的一百只鞋》
三年级上学期	计算之星	校园中的测量	数字编码	作息时间表
三年级下学期	计算之星	小小调查员 九连环	精彩足球赛	制年历

续 表

实施年级	运算高手	创意图形	实况调查	体验数学
四年级上学期	计算之星	旅游路线图	生日 Party	认识宇宙 节约用水
四年级下学期	简算之星	探秘三角形	生长的秘密	古代数学：鸡兔同笼
五年级上学期	计算之星	面积变形师	设计公平游戏规则	数学史：分数的产生 设计旅游方案
五年级下学期	图解因倍数	设计包装盒	环保监测员	质量检测员
六年级上学期	数学百分百	生活中的"圆"	家庭消费我参与	"圆"源流长 旅行中的数学
六年级下学期	玩转数字	小小创意师	我的变化我知道	我是大侦探
七年级上学期	24 点游戏	创意设计师	家庭收支记录员	月历中的数学
七年级下学期	方程组巧解大师	会跳舞的平行线	生活中的抽样调查	旅途之中的学问
八年级上学期	因式分解大师赛	剪纸活动——剪出经典	寻找身边的全等形	容器中的水能倒完吗？
八年级下学期	玩转勾股数	折纸活动——叠出美丽	纸张规格与$\sqrt{2}$的关系	会说话的数据
九年级上学期	根与系数关系的妙用	让圆不再有隐形的翅膀	设计公平游戏规则	走进费尔马
九年级下学期	增量巧设	制作测量仪——欲与天公试比高	测量山坡的高度	美术字中的数学

> 课程示例 3

折出智慧数学课程纲要

一、课程背景

折纸与数学相结合的开始大约可追溯到公元 8 世纪中期，处于文化鼎盛时期的阿拉伯人独立发展了折纸艺术，他们将欧洲几何学原理运用到折纸中，并且利用折纸来研究几何学。从 19 世纪开始，折纸在西方成为了数学和科学研究的工具，解决在折纸过程中发现的一些数学之谜已经发展成为现代几何学的一个分支。

折纸不仅可以作为几何教学的辅助工具，即帮助学生形象地认识到一些较为抽象的空间图形，而且还是一种学习数学、探究数学、创新数学知识点的载体。折纸的应用能有助于激励每一个学生参与到力所能及的探索中，它能提供学生仔细观察，广泛联想，多方向、多角度、多层次去思考的机会，因此它是发展学生高层次思维品质的有效材料。在折纸过程中去体验数学研究中的一些方法，其研究趣味浓、探索性强，学生能通过观察、尝试、猜测、转移、类推、特殊化等途径去认识到其中的数学原理，同时也培养了学生树立一种形成正确的答案或解题方案可能不止一个的数学观。

二、课程目标

数学折纸课程的核心目标是通过折纸的操作活动，增强学生的动手能力，不仅能折出绚丽多彩的纸艺作品，还能发现折纸中的数学现象和原理；激发学生的好奇心和探究欲，养成良好的操作习惯，加强学生对各种折叠方法和剪、画的使用，发现折纸的魅力；通过操作、观察、归纳、概括和交流等活动发展空间观念，构建从折纸操作到数学思维、从直观操作到抽象思维的桥梁，从而丰富学生的图形经验；学会与他人合作、交流、分享，形成积极乐观的生活态度。

三、课程内容

"数学折纸"课程内容遵循《义务教育数学课程标准(2011年版)》中的教学理念,属于图形与几何领域,更侧重于培养数感、空间观念和几何直观等核心素养。

一年级:1. 数字魔术卡(上下左右);2. 三角无限翻转卡(认识正六边形);

二年级:1. 魔术折纸翻面(奇偶);2. 百变正方体(观察物体);

三年级:1. 纸飞机大战(长度与测量);2. 骨牌神算(加法速算);

四年级:1. 会变形的正八边形(认识正八边形);2. 三浦折法(认识三浦折法);

五年级:1. 分数猫(认识分数);2. 面积公式(面积公式的推导);

六年级:1. 折纸变脸(简单的排列);2. 莫比乌斯带(拓扑);

七年级:平面基本图形折纸;折纸中的发现(折纸中的数学美);

八年级:平面基本图形折纸;折纸中的发现(折纸与证明);

九年级:折纸走向中考研究。

四、课程实施

"数学折纸"课程主张让学生在"折中学""玩中学""说中学",在折纸中发展动手能力,在思考中提升思维能力,在设计中培养创造能力,带领学生从折纸的表象走进数学的本质,在轻松愉快的氛围中认识和理解数学概念和原理,感受数学在折纸和生活中的广泛应用。

第一步:观察折纸模型,说说自己的想法;

第二步:尝试动手折纸,小组合作互助;

第三步:引发数学思考;探究数学问题;

第四步:创造折纸作品,班级分享展示。

根据我校社团活动时间安排课程,使之成为学科内容的合理补充与拓展,是我校的校本课程之一。每个年级的折纸活动可以不是固定的,教师授课时可以依据学生的认知发展水平和兴趣点跨年级组织课程实施。初中阶段更加注重理性分析,感悟数学的研究之美。

五、课程评价

(一)学生学习评价

"数学折纸"课程关注对学生学习的过程性评价和终结性评价。其中,过程性评价的内容包括学生的课堂表现、动手折纸能力、数学思考能力等,终结性评价主要是指学生折纸作品的展示。我们建议学生将学习单和折纸成果装进"数学折纸"档案袋中,这样不仅便于学生回顾自己的学习成果,还有助于他们积累数学活动经验。

(二)课程质量评价

一门精品课程离不开其课程内容和课堂教学的支撑。因此,在实施"数学折纸"课程前,我们会了解学生的兴趣点,有针对性地组织教学。课末,让学生说一说这节课中自己最喜欢的环节和需要改进的环节,畅想如果自己当老师,会利用这些折纸模型"生长"出怎样的数学知识。

在学习方式上,学生更倾向于同伴探究,小组成员之间可以轻声交流自己在折纸中遇到的困难,分享自己的数学思考。轻松愉快的学习氛围有利于学生在平等交流中碰撞出更多的数学智慧。

基于这样的课堂时间和学生学习的真实反馈,教师会依据学生的认知发展水平和兴趣点,有针对性地开展设计折纸课程内容,组织教学环节,调整教学方式,渐渐地让学生爱上数学学习。

第四节 造就智慧人生

数学学习是一个生动活泼的、主动的和富有个性的过程。这就要求数学课程的实施要符合学生的认知规律,贴近学生的实际,这样有利于学生体验与理解、思考与探索。课程内容的组织要重视过程,要重视直接经验。动手实践、自主探索与合作交流是学习数学的重要方式,所以在课程实施中要为学生创造足够的时间和空间去经历观察、实验、猜测、计算、推理、验证等活动过程。

为此,"人文数学"课程依据学科课程理念、课程目标、课程设置,结合学校现状、师生特点,从五个方面设计"实施与评价",即:"人文数学"课堂、"趣味数学节""生活数学之旅""项目式学习""玩转数学社团",旨在践行我校"致良知"的课程理念。

一、深挖"人文数学"课堂,构建好学氛围

"人文数学"课堂是智慧而有趣的学习场景,让我们不断追溯数学的本源,数学各种知识在人类历史中产生的必然性,引导学生不断地发现问题、自然地深入思考、灵活地解决问题。因此,"尊重""平等""趣味""灵活""自主"就是课堂的关键词。

(一)"人文数学"课堂的要义与操作

"人文数学"课堂的学习目标是多元清晰的,学习内容是丰富鲜活的,学习方式是自主融洽的,学习效果是学用结合、全面发展的。

1. 加强与儿童之间的沟通,培养人文意识。儿童活泼好动,在小学数学的课堂中,教师们想要正确地认识人文教育的重要性,首先就要树立人文教学的意识,加强与儿童之间的沟通,和儿童建立一个和谐友善的师生关系,在课堂中或课外的活动中都要与儿童进行良好的互动,耐心地听取儿童心灵深处的诉说,让儿童真实感受到来自教师的温暖,特别是正确指导儿童的言行举止,在尊重儿童的同时,更要关注儿童整体能力的培养。

2. 加强数学文化的渗透,营造人文教育的氛围。数学本身就是一个抽象元素多、逻辑思维强的学科,对于儿童而言,这个年纪正是接触数学知识的初始阶段,如果在课堂教学中过于注重对知识的讲解,难免会让儿童失去学

习数学的乐趣。因此在课堂当中教师应该注重对数学文化的渗透。① 例如在《图形的认识》一课中，老师就可以在课本原有的图形基础上，让儿童寻找到身边的图形，利用计算机搜集一些三维立体图形，也可以给儿童准备一些常见的图形进行随意组建，并形成一个新的图形，既能让儿童学到不同的数学图形，还能让儿童在生活中感受到数学的美。

3. 增强课堂学生的主体教学，为人文教育奠定基础。在小学课堂中，教师应该更加关注儿童的个体，从实际出发，根据儿童自身的特点实现个性化教育，更要打破传统的灌输式教育，要调动儿童的主动性，实现课堂中以儿童为主体的教学。② 作为教师更要关注儿童的心理，鼓励儿童大胆、积极参与回答问题，摒弃"标准答案"的理念，让儿童发挥出自己的想象，加强与同学之间的交流和讨论，允许数学课堂有不同见解和想法。只有不断地鼓励儿童主动发言，才能培养儿童的创新思维和个性的发展，从而为塑造人文性课堂奠定基础。

在"人文数学"课堂中，儿童不仅学会了知识与技能，更重要的是在课堂中培养积极思考、主动学习，不卑不亢、尊重他人的态度，并把知识技能灵活地运用在实际生活中。

（二）"人文数学"课堂的评价要求

多元化的评价途径更符合学生的成长特点，有利于儿童的自主发展，增强儿童的自信心，调动儿童的热情，让儿童发现自己的进步。使教师更深入地理解"人文数学"课堂的理念，提升教师的专业素养，丰富教师的课堂经验，完善课堂的构成要素，实现教学相长。

根据课型的不同，设计"人文数学"课堂教学评价表如下(见表3-4)。

---

① 蒋志刚.人文性小学数学课堂建构思路研究[J].当代教研论丛,2016(2)：46.
② 简海荣.人文性小学数学课堂的建构与探索[J].数学大世界,2016(3)：17—18.

表 3-4 "人文数学"课堂教学评价表

执教人：　　　　授课班级：　　　　教学内容：

目标	子项	评价要素	权数	优	良	中	得分
教学目标 15 分	基础性	符合课程标准、教材基本要求的学生发展的实际。	4				
	全面性	知识与技能、过程与方法、情感态度与价值观要求明确具体。	4				
	操作性	目标明确、具体，具有很强的操作性和可检测性。	4				
	发展性	保底不封顶，促进个性充分发展。	4				
教学内容 25 分	基础化	根据课标、依托教材和学生的实际安排必须的内容，且能被每一个人所掌握并获得成功的体验。	5				
	生活化	与学生现实生活和知识体验密切联系，有吸引力、产生兴趣。	5				
	价值化	对学生是有用的，对学生进一步学习或社会实践都有用。	5				
	层次化	满足不同学生的需要，训练有层次，能为特长生创造活动的领域和更多的发展机会。	5				
	综合化	注意知识内在联系，关注学科间的渗透和整合。	5				
活动过程 40 分	双基意识	新旧衔接，突重点、破难点，抓关键，夯基础，强技能。	6				
	人本意识	积极建立平等、民主、和谐的师生关系，创设有效的组织、引导机制，营造生动活泼、主动发展的环境。	3				

续 表

目标	子项	评 价 要 素	权数	优	良	中	得分
	情景意识	从宜人的背景切入,情景新颖,情趣共济,唤求知、促求成。	3				
	问题意识	提供发现和提问的机会,质疑问难,诱发学生多角度思维。	5				
	参与意识	既面向全体,又因材施教。观察学生是否全员、全程参与,是否给学生充分、自主的活动时间和空间。	5				
	过程意识	亲身经历知识的产生、发生、发展、应用的全过程,师生间的多向交流及互动性强。	4				
	活动意识	引导学生开展自主探究、合作交流的有效学习方式。	5				
	策略意识	尊重差异,允许多角度并采用不同方式表达自己的想法;关注每一个学生,对学习有困难的学生提供必要的帮助;具有敏锐捕捉各种信息的能力和有价值的教学资源并果断应对;根据教学内容选择合理有效的教学方法和手段。	5				
	评价意识	能满足学生心理需要,适时采用多样的激励性评价,较好地激发学生的求知欲,促进学生的多样化发展。	4				
教学效果 12分	目标达成	认知、过程、情感目标达成率高,教学效果好。	4				
	体验成功	学有所得,体验成功的快感。极大地丰富学生的现实生活,感受生活的丰富多彩,感受数学学习的内在魅力。	3				

续表

目标	子项	评价要素	权数	优	良	中	得分
	课堂气氛	学生主动参与,乐学,会学,情绪饱满,思维活跃,课堂气氛活跃。	3				
	实践活动	课内外结合,因地制宜,安排适当的实践活动题。	2				
教师素质8分	语言	语言准确、精练、生动,教态亲切、自然,富有亲和力。	2				
	板书	规范,结构合理,富有启发性。	2				
	手段	媒体方式选用得当,操作熟练。	2				
	技能	教学技能娴熟,有个性,形成特点与风格。	2				
合　　计			100				

本课精彩之处:	存在问题及建议:

每次观课活动时,听课的老师都会认真的填写这张表格,把自己宝贵的经验和建议写在上面。上课的老师也会认真地研读,从中获得更大的灵感。

二、依托"趣味数学节",畅游数学文化

"趣味数学节",旨在组织学生开展丰富多彩的数学活动,丰富校园的数学文化,提高学生的数学素养,营造出热爱数学、钻研数学的文化氛围。在节日的这一天,各年级的学生热情高涨地融入到数学的海洋中,不同的年级数学节的日期不同,但是不限本年级的学生参与,水平高的同学可以挑战高年级的活动;同样,水平较弱的同学可以参与低年级的活动,最大限度地发挥自己的聪明才智,把严谨的数学知识变成有趣的活动,让孩子在数学上各尽其能。

（一）"趣味数学节"的要义与操作

2011年,国际数学协会正式宣布将每年的3月14日设为"国际数学节",它是为纪念中国古代数学家祖冲之而设立,时间被定在3月14日,通常在下午1时59分,有时甚至精确到26秒,以象征圆周率的八位近似值：3.141 592 6。数学节不但有其特殊的意义,也承载了许多数学文化。因此,我校也设立了"趣味数学节",为学生提供展示自己智慧的平台,营造浓厚的数学文化气息,提升数学素养。数学节的内容不是固定不变的,教师可以根据实际情况,重新创设有意义的节日内容。先拟定出数学节的名称由来、知识内容、实施计划、评价方法等,再由课程委员会及学生代表进行评议。数学节实施过程要有仪式感,采用小组合作、家校联合的方式进行。该"趣味数学节"课程如下(见表3-5)。

表3-5 "趣味数学节"课程

时间	年级	节日
12月12日	一年级	算数节
11月11日	二年级	火柴节
9月9日	三年级	西游节
1月5日	四年级	图案节
5月25日	五年级	侦探节
3月14日	六年级	派节
5月17日	七年级	方程节
4月17日	八年级	勾股节

（二）"趣味数学节"的评价标准和方法

节日课程活动要规范化、科学化,构建适合儿童年龄特征的评价体系,保证节日课程高效的开展,从而真正促进儿童的发展。由主管领导、课程委员会的老师和学生代表组成评价小组,从三个方面对各个活动小组进行评价。评价人员分为3人小组,含领导一人。首先是资料查阅,然后在节日当天进行现场参与,最后是学生座谈。该数学节评价标准如下(见表3-6)。

表3-6 "趣味数学节"评价标准

小组人员		评价教师	
课题		班级	
项目	评 价 标 准		得分
活动内容 30分	难易适度,符合学生的年龄特征		
	有趣味性,提高学生的兴趣		
	有神秘性,激发学生的好奇心		
	贴合生活实际,提高学生解决问题的实践能力		
活动形式 20分	形式要生动活泼,把学生引入求知的活动中		
	班班结合,数学知识与社交能力共同增长		
	家校结合,多方面开发资源		
	参与到社会活动中,提升多方面能力		
过活动程 30分	学生参与积极,主体作用发挥好		
	各种能力增长循序渐进		
	教师管理有方,学生活动有序		
活动效果 20分	学生兴趣得到培养,个性特长得到发展		
	拓展学生的思维空间,培养学生的创新意识		
综合评价			
精彩之处:		问题及建议:	

三、开启"人文数学生活之旅",丰富课余生活

数学源于生活,用于生活,生活处处有数学,数学蕴藏于生活中的每个角落。我们带领孩子走出教室、走进生活,把所学知识运用到生活中去,提升数学应用能力。

(一)"人文数学生活之旅"的要义与操作

"人文数学生活之旅"是源于生活实践,又高于生活实践,并反过来作用于生活实践的一种研学之旅。它是机动多变的,参与的人员广泛,有教师、学生、家长还有部分社会人群。学以致用的不仅仅是数学能力,更多的是生活能力。

1. 观察生活,发现问题。生活是数学的宝库,生活中随处都可以找到数学的原型。发现问题是开启"人文数学之旅"大门的钥匙,引导学生联系生活学数学,善于用数学的眼光观察周围事物,处处留心数学问题。"为什么?"让儿童对生活充满惊奇,就像一颗颗小石头,投在儿童的心湖,激起儿童的好奇心,激发儿童的求知欲,提高儿童的学习热情。每个儿童都有一本"问题银行"账本,当某时某刻突然发现身边有趣或未知的事物,就及时记录在"问题银行"账本里,储存灵感。

2. 研究生活,思考问题。没有思考,就没有真正的数学学习。借助儿童分享的"问题银行"账本,选择儿童有研究价值的数学问题,分成小组,并引导儿童主动地运用数学观点分析思考,通过观察比较、操作实验和感性化的情境辅助,帮助儿童找到问题的原因,明白其中的道理,从而体验学习的快乐和数学的魅力。

3. 用于生活,解决问题。用于生活,独立解决自己遇到的实际问题是"人文数学生活之旅"最终的目的。引导儿童把"储备"的知识进行吸收转化,在数学中学到实际的生活能力,达到学以致用的教学目的。"人文生活数学之旅"课程如下(见表3-7)。

表 3-7 "人文数学生活之旅"课程

时间	年级	课程
9—12 月	一年级	物聚群分
3—6 月	二年级	地铁达人
9—11 月	三年级	麦田分割
9—12 月	四年级	奥运知识
9—12 月	五年级	精打细算
3—6 月	六年级	我最有才
5—6 月	七年级	方案设计师
5—6 月	八年级	巧用数学看现实

（二）"人文数学生活之旅"的评价标准

在实际生活中，只有丰富学生的实践探究活动才能加深对数学知识的理解与应用。"人文数学生活之旅"的评价以激励为主，采用多种方式进行评价，如教师评价与学生的自评、互评相结合，小组的评价与组内个人的评价相结合；小组之间开展经验交流与成果展示等，激发学生对数学的学习热情。"人文数学生活之旅"评价标准如下（见表 3-8）。

表 3-8 "人文数学生活之旅"评价标准

	评 价 标 准	优秀	良好	合格
个人贡献	问题银行的存储量			
	有研究价值的问题的个数			
	被选中进行小组研究的问题的个数			
	研究过程中，是否有建设性的建议			
	能认真倾听和理解别人的想法			

续表

评价标准		优秀	良好	合格
团队意识	分工是否合理			
	每次的活动记录是否详实			
	遇到困难的解决方法			
	研究的结果是否满意			
展示交流	形式多样,引人入胜			
	内容全面,有所启发			
反思收获	能够提出有一定研究价值的问题			
	梳理收获,提升经验			

四、开发"项目学习",驱动自主探究

项目学习作为一种基于建构主义理论的学习模式,近年来受到国内外学者、教育工作者的广泛关注。美国巴克教育研究所把以课程标准为核心的项目学习(Standards-Focused PBL)定义为"一套系统的教学方法,它是对复杂、真实问题的探究过程,也是精心设计项目作品、规划和实施项目任务的过程,在这个过程中,儿童能够掌握所需的知识和技能"。[①]

(一)"项目式学习"要义与操作

本校每个年级的暑期作业中有一项是收集整理出生活中你不明白的数学问题,个数不限,开学时提交给任课教师。有教师和学生代表共同筛选出有价值的问题。如:钟表上为何不是24个数字?商场的商品价格为何都不是整数呢?手机、电视为什么都是长方形?……学生4人为一组,自由组合

---

① 王萍.基于《教师教育课程标准》视域下的项目学习探究[J].中国教师,2012(15):50—52.

和教师协调相结合的原则。学生共同选出感兴趣的题目,上报教师备份。4人合理分工,确定计划,商讨解决策略、适当求助,等等,并做好记录,教师要积极参与活动过程,做好指导。完成后,提交活动的结果并展示。

(二)"项目式学习"的评价标准如下(见表3-9)

表3-9 "项目式学习"评价标准表

评价形式	评价方法
测试卷	编制测试卷,将项目学习中要求学生掌握的数学知识以题目的形式考核
学习成果展示	将设计方案展示汇报,投票选出最优方案
学习过程记录	教师针对项目式学习各阶段学生的表现填写
组内互评	由组长负责组织,对项目式学习过程中本组学生的表现情况,贡献程度综合评定
学生自我评价	学生对自己在项目式学习中的学习过程进行反思,客观评定自己在小组合作中工作完成情况,知识的掌握情况

五、设立"玩转数学社团",领略奇妙数学

"玩转数学社团"给学生搭建了一个展示自己的平台,满足了他们对数学知识的高度热情,激发了学生与数学之间的浓厚的感情,我们的数学社团在潜移默化中将学生引入奇妙的数学世界。

(一)"玩转数学社团"的要义与操作

我们不仅有夯实基础的嵌入类课程,也提供了丰富多彩的选修类课程,充分尊重学生的选择权。开学初,"校本课程委员会"和数学工作坊的老师选定本学期的社团课程,在校园网上发布,学生通过网络选课报名,以尊重学生为前提,经过各方面协调,确定社团的任课教师以及学生名单(见表 3-10)。

表 3-10 "玩转数学社团"课程

时间	年级	社团名称
周四下午	三至六年级	数星阁社团
周四下午	一至二年级	七巧板社团
周四下午	三至四年级	华容道社团
周四下午	三至五年级	智多星社团
周四下午	五至六年级	华罗庚社团
周四下午	七至八年级	数学星社团

(二)"玩转数学社团"评价方法

"玩转数学社团"活动,激发了学生学习数学的兴趣,陶冶了情趣、磨炼了意志、增进了同学间的友谊。我们的评价方式,有记录活动过程中学生各方面表现的量化评价表,还有学生对社团的问卷调查,了解学生对社团活动的期望,便于教师把握社团后期发展方向(见表 3-11)。

表 3-11 "玩转数学社团"的评价标准

评价项目	评价标准	评价
过程评价	制订可行的管理制度及详细活动计划	
	活动主题、内容、形式有创新	
	活动组织井然有序,学习氛围浓厚	
	社团名册及活动过程记录详实	
	活动照片及学生作品保存完整	
	教师的指导张弛有度,有针对性	

续表

评价项目	评价标准	评价
	每次活动结束后都有相应的总结、反馈、评价	
成果展示	展示形式丰富新颖	
	内容符合社团特点、全面完整	
	活动小组分工合作有序	
	有借鉴价值的经验与反思	

综上所述,"人文数学"课程秉承"学思结合"理念,"人文数学课堂""趣味数学节""生活数学之旅""项目式学习""玩转数学社团",旨在践行这一课程理念。该课程特有的"开放性"和"人文性",不仅较好地达成了数学课程目标,更丰富了课程内容的开发与实施,丰富了学生的视野、拓宽了学生的思维,有利于学生数学核心素养的发展,使每个学生拥有不断进行数学探索的兴趣和勇气。

作为数学教育工作者,应当从三个层面上来认识数学,即作为工具的数学,作为教育的数学,作为文化的数学。我们要展示数学极富魅力的一面,不是以数学课上的公式、计算甚至题海,而是数学方法、思想和精神。引导学生用美的眼光来欣赏数学;了解到数学在各个领域所发挥的作用;走进数学的历史长河,去追寻数学家的足迹,经历数学探索的历程,体验数学中的理性、智慧、乐趣。[1] 当数学文化的魅力真正渗入教材、到达课堂、融入教学时,数学就会更加平易近人,数学教学就会通过文化层面让学生进一步理解数学、喜欢数学、热爱数学。

数学知识无需终生铭记,但数学精神会激励终生;解题技能无需终生掌

---

[1] 李梅. 成岭成峰皆锦绣　各呈华彩竞风流——江西省"赣教杯"第二届小学数学"教学能手"比赛观摩有感[J]. 小学数学教育,2012(9):45—46.

握,但观念及其文化哲学会受用终生。因此,数学课上出"人文"意味,是我们共同的教学价值追求。在"人文数学"的理念引领下,以实践为基础,为出发点,为归宿;秉承智慧的本质,致力于课程的育人功能。上好智慧和乐趣并存的数学课,其背后的理念是"将数学窄化为课堂教学"的突围,基于对数学课时空的全新界定,它使数学回归生活现实土壤,在关注社会、关爱生命中发挥积极作用;让我们数学组继续发挥数学学科优势,让孩子们感受到"有情感、重明辨、促思想、重实用、乐创造"的人文数学,给孩子们一个充满数学韵味的童年。

(执笔人:雷颖红　刘志勇)

第四章

行正道

身心健康的活跃姿态

王阳明说:"空谈误事,唯有做,才是正道!"他认为:"变化气质,居常无所见,惟当利害、经变故、遭屈辱,平时愤怒者,到此能不愤怒;忧惶失措者,到此能不忧惶失措,始是能有着力处,亦便是用力处。"[①]这就需要内心的无比强大。而内心之强大,来自于坚定的信念。有了坚定的信念,才能从容面对人生所有的逆境和苦难,亦能坚持在逆境中行正道。我们以"悦动体育"为课程的核心理念,"悦"即体育运动要开心、快乐,围绕健壮、健美、健康的目标,每位学生都积极地参与到体育活动中来。在体育活动中滋养健康的身心,练就强大的内心和坚定的信念,涵养出浩然正气,这是人的精神脊梁,是抵御歪风邪气的屏障。

---

① 韩东育.关于阳明子"龙场悟道"的非学术寓义[J].史学集刊,1994(3):60—67.

强健康体质　谱生命乐章

古代圣人王阳明提出"致良知",要求教育者自己能够致良知,并且帮助受教育者致良知。王阳明指出"良知之在人心,无间于圣愚",要达到"致良知",必须首先从"致"上下功夫,即首先要有志,树立远大理想和目标。"致知"与"力行"必须统一,这便是"知行合一",是"良知"与"致良知"功夫的统一。王阳明认为"致知",除"立志"外,还要有正确的学习态度,应当谦虚戒傲。①

"学思结合,知行合一"是我们的校训,践行"致良知,得秀气,秉精要"的课程理念,以培养学生德、智、体、美、劳全面发展为目标,着力进行课程建设。目前学校体育学科教师6人,其中乒乓球专业,羽毛球专业,跆拳道专业各一人,各自的教学风格深受学生喜爱。跆拳道是学校的特色,艺术2+1跆拳道在东湖区展示获得一等奖。经过长期的课程实践,体育学科构建起"悦动体育"课程。

第一节　增进身心健康

一、学科课程价值观

《义务教育体育与健康课程标准(2011年版)》文件指出:体育与健康课程是一门以身体练习为主要手段、以增进中小学生健康为主要目的的必修课

---

① 康彩艳.浅析王阳明教育哲学[J].传承,2010(12):70—71.

程,是学校课程体系的重要组成部分,是实施素质教育和培养德智体美劳全面发展人才不可缺少的重要途径。

随着现代社会的持续发展,人们的生活水平整体有了很大的提高。现代的生产和生活方式也造成了人们体力活动减少和心理压力增大,对国民健康造成了一定的负面影响,越来越多的机械取代人工,人体的运动逐渐减少,人们的体质健康也持续下降。

体育给人们带来的不仅是精神上的享受,也带来创造辉煌人生价值的启示,使人感受到生命总在运动发展中。体育发挥着包括一些艺术形式不能够产生的艺术效果和魅力,它既是人类一种高级文化活动,也必然是一片人类高级情感的抒发地。在体育运动中不仅个人的情感得到宣泄和发展,也使社会得以和谐和稳定。[①]

在现代社会里,体育的价值以前所未有的速度增长,体育的科学性也大大提高。随着体育对人健康价值提高的同时,其内容也得到充实,过去主要用它来解决人的体质问题,后来发现许多身体的疾患来自心理,于是体育的价值便又在心理调节方面得以表现,又用体育来解决可能导致身心疾病的社会问题和生产方式问题。[②]

体育与健康课程对于提高学生的体质和健康水平,促进学生全面和谐发展,培养社会主义现代化建设需要的高素质劳动者,具有极为重要的作用。通过课程的学习,学生能够练就健康体魄,提高对身体和健康的认识;掌握有关身体健康的知识和科学健身方法,提高自我保健意识;坚持锻炼,增强体能,提高身体素质;养成良好的、健康的生活方式,提高健康生活品质。[③]

基于这种认识,我们认为,体育与健康课程的核心价值是增进身体健康,提高心理健康水平,增强社会适应能力,获得体育技能与健康知识。

[①] 李金花.健美一种健与美的文化检讨[J].文教资料,2006,(10)203.
[②] 王德华,张娟.科学人文主义的体育教育价值观[J].四川体育科学,2004,(2)17—18.
[③] 陈立农.《体育与健康》课程教育理念的现实意义辨析[J].山西师大体育学院学报,2003,(3)85—87.

二、学科课程理念

依据《义务教育体育课程标准(2011年版)》坚持"健康第一"的指导思想,促进学生健康成长,努力构建体育与健康的知识与技能、过程与方法、情感态度与价值观有机统一的课程目标和课程结构,在强调体育学科特点的同时,融合与学生健康成长相关的知识。一是促进学生身心协调、全面地发展。通过体育与健康课程的教学,使学生掌握运动技能,发展体能,逐步形成健康和安全的意识,以及良好的生活方式,促进学生身心协调、全面地发展。二是激发学生的运动兴趣,培养学生体育锻炼的意识和习惯。体育与健康课程强调在课程目标的确定,教学内容和教学方法的选择与运用方面,注重与学生的学习和生活经验相联系,引导学生体验运动乐趣,提高学生体育与健康学习动机水平;重视对学生进行正确的体育价值观和责任感的教育,培养学生刻苦锻炼的精神,促进学生主动参与体育活动,基本形成体育锻炼的习惯。三是以学生发展为中心,帮助学生掌握体育与健康课程的学习方法。体育与健康课程高度重视学生的发展需要,从课程设计到学习评价,始终以促进学生的身心发展为中心。课程在充分发挥教师主导作用的同时,十分重视学生在学习过程中的主体地位,注重培养学生自主、合作、探究的学习能力,促进学生掌握体育与健康课程的学习方法,并学会体育与健康课程之间的联系。四是关注地区差异和个体差异,保证每一名学生受益。体育与健康课程强调在保证国家课程基本要求的前提下,充分关注学生之间的差异,学校根据体育与健康课程目标及课程内容,因地制宜,合理选择和设计课程内容,有效运用教学方法和评价手段,努力使每一名学生都能接受基本的体育与健康教育,促进学生不断进步和发展。

体育与健康课程是增进学生健康的重要途径,对于提高全民族的健康素质具有重要而深远的意义。它遵照"健康第一"的指导思想,强调实践性特征,突出学生的学习主体地位,努力构建较为完整的课程目标体系和发展性的评价方式,重视教学内容的基础性和选择性及教学方法的有效性和多样性,注重激发学生的运动兴趣,引导学生掌握体育与健康基础知识、基本技能和方法,增强学生的体能,培养学生的意志品质、合作精神和交往能力等,为学生终身参加体育锻炼奠定基础,促进学生健康、全面地发展。

结合我校的致良知课程总体规划,围绕健壮、健美、健康的目标,让每名学生都积极地参与到体育活动中来,因此我们提出以"悦动体育"为课程的核心理念。"悦动体育"是"乐学"的体育。每个孩子都应该以开心的状态投入到课程中,开心、快乐让孩子们乐于思考,敢于尝试,塑造自我。在"悦动体育"学科活动中,他们积极参与,主动学习,自我提高。

"悦动体育"是"主动"的体育。以丰富多彩的内容,多变的游戏吸引孩子们走入课堂,学生的学习由被动变成主动,这样的课堂氛围才会变得更加浓郁。

"悦动体育"是思想的体育。思想有多远才能走多远,"悦动体育"课堂把我们的行为思想变成一种习惯。孩子们的体育学习成为一种习惯,孩子们的锻炼习惯成为一种常态,这样健康才会常伴。

总之,"悦"指体育运动要开心、快乐。我们的课堂要让学生开心快乐,首先要激发学生的运动兴趣,以学生发展为中心,培养学生体育锻炼的意识和习惯,有了快乐的课堂,才能引导学生主动参与进来。"动"我们将它理解为"五动"。"一动",是指让学生主动投入到课堂中;"二动",是指学生的思想意识动起来;"三动",是指学生的身体动起来;"四动",是指体育锻炼习惯动起来;"五动",是指健康才能动起来。

第二节 体验运动乐趣

一、学科课程总目标

《义务教育体育与健康课程标准(2011年版)》指出:体育与健康课程对于实施素质教育,培养学生的爱国主义、集体主义精神,促进学生德、智、体、美、劳全面发展具有重要的意义。通过课程的学习,学生将掌握体育与健康的基础知识、基本技能与方法,增强体能;学会体育理论学习和实践锻炼相结合,培养体育与健康的实践和创新能力;体验运动的乐趣和成功,养成体育锻炼的习惯;发展良好的心理品质、合作精神与交往能力;提高自觉维护健康的意识,基本形成健康的生活方式和积极进取、乐观开朗的人生态度。

从"悦动体育"这一核心概念出发,我校体育课程目标分为:显性课程目标和隐性课程目标。体育显性课程目标包括运动参与、运动技能、身体健康、心理健康和社会适应,体育隐性课程目标则包括情感目标、德育目标、思想价值目标。具体而言,我校的体育课程目标为:

(一)体育显性课程目标

学生能够主动参与体育学习和锻炼,并体验运动的乐趣与成功。在运动中学习体育运动知识,掌握运动技能和方法,增强安全意识和防范能力。能够掌握基本保健知识和方法,塑造良好体形和身体姿态,全面发展体能与健身能力,提高适应自然环境的能力。培养学生坚强的意志品质,引导学生学会调控情绪的方法,培养学生合作意识与能力,并具有良好的体育道德。

运动参与、运动技能、身体健康、心理健康与社会适应四个方面是一个相互联系的整体,各个学习方面的目标主要通过身体练习实现,不能割裂开来进行教学。

(二)体育隐性课程目标

这里包括体育情感、德育、思想价值要素。

1. 体育情感目标。体育教学就必须改变单纯的体育技能训练,注重学生全面发展,综合发展。学生不是单纯的知识传授体,而是具有丰富情感体验的鲜活生命,体育教学在培养学生良好体育技能的同时,更要注重培养学生良好的体育情感,增强主动运动的意识,感悟体育的思想和方法,为终身可持续发展奠定基础。学生在体育活动中产生的持续稳定的态度体验,表现出对体育的热爱,尤其对体育浓厚兴趣,这种兴趣能提升参与运动的持续度。

2. 德育目标。随着社会的发展,在全面推进素质教育的过程中,必须把德育放在首位,并把德育渗透到各学科教育中去,体育也不例外,体育作为学校素质教育不可缺少的组成部分,担负着提高青少年身体素质的主要任务。思想品德教育也是体育的教育目标之一,学生的品德教育并不完全是通过政治活动、政治课来进行的,学校的各种体育活动,特别是体育教学,因其本身的专业特点以及特殊的教学方式,对学生的教育是多方面的,其对学生的思想品德教育较之于其他学科更直接、更具体。[1]

3. 思想价值目标。体育教学是一个包括身体、智力、思想、情感、态度等在内的全面教育,教材中对这些内容都有所涉及和相应的规定,教师在教学中通过这些目标的达成,让学生通过学习,既能够锻炼体格,又能够提高思想觉悟,充实智力活动,提高对未来社会的适应能力。球类运动因为需要在同伴的配合下进行,所以这个项目可以培养学生的集体主义精神,能够陶冶学生团结友爱互相帮助的情操;田径运动虽然有时会使学生感到枯燥乏味,但如果坚持练习却能培养顽强的意志品质;跳马等体操运动项目,能够培养学生勇敢、果断和克服困难的优良品质;障碍跑可以增强学生克服困难的勇气;耐久跑可以培养学生吃苦耐劳的精神。教师在设置目标时,应该很好地结合这些项目的特点,适时地渗透意志品质的教育。当学生完成学习任务或获得胜利时,教师不仅要及时总结学生完成技术动作的情况,更要让学生回味胜利的来之不易,培养学生坚韧不拔的精神。[2]

二、学科课程年级目标

依据《义务教育体育与健康课程标准(2011)版》文件和学校"悦动体育"的学科课程理念,我们将课程各年段目标设置如下(见表4-1)。

---

[1] 路东海.体育教学中应注重德育教育[J].科技信息,2009,(34):671.
[2] 罗群.浅谈体育教学如何渗透德育教育[J].田径,2018,(3):18—20.

表 4-1　南昌市阳明学校"悦动体育"课程年级目标

	运动参与	运动技能	身体健康	心理健康和社会适应
一、二年级	上好体育与健康课并积极参加课外体育活动。达到该目标时，学生将能够积极、愉快地上体育与健康课、参加课外体育活动。如不旷课，主动积极地完成学习任务等。	1. 获得运动的基本知识和体验。 2. 学习基本的身体活动方法和体育游戏。 3. 学习不同的体育活动方法。 4. 初步了解安全运动以及日常生活中有关安全避险的知识和方法。	1. 初步了解个人卫生保健知识和方法。 2. 注意保持正确的身体姿态。 3. 初步发展柔韧性、灵敏性和平衡能力。 4. 发展户外运动能力。	1. 发展户外运动，努力完成当前的学习任务能力。 2. 在体育活动中适应新的合作环境。 3. 在体育活动中爱护和帮助同学。 4. 努力完成当前的学习任务。 5. 体验体育活动对情绪的积极影响。 6. 在体育活动中适应新的合作环境。 7. 在体育活动中爱护和帮助同学。
三、四年级	积极参加多种体育活动。达到该目标时，学生能够乐于参加新的体育游戏和比赛。如愉快地参加新的情景类、角色扮演类、竞赛类等体育游戏和体育活动。	1. 提高基本身体活动和完成体育游戏的能力。 2. 重视体育活动和日常生活中的安全问题。 3. 学习奥林匹克运动的相关知识。 4. 体验运动过程并了解动作名称的含义。	1. 发展柔韧性、灵敏性、速度和力量。 2. 改善体形和身体姿态。 3. 了解个人卫生保健知识和方法。 4. 初步了解疾病预防知识。	1. 坚持完成有一定困难的体育活动。 2. 在体育活动中保持积极稳定的情绪。 3. 在体育活动中乐于交流与合作。 4. 遵守运动规则并初步表现规范体育行为。

续 表

	运动参与	运动技能	身体健康	心理健康和社会适应
		5. 提高基本身体活动和完成体育游戏活动的能力。 6. 初步掌握多种体育活动方法，重视体育活动和日常生活中的安全问题。	5. 增强适应气候变化的能力。	
五、六年级	学会通过体育活动进行积极性休息。达到该目标时，学生能够认识到适当的体育活动是一种有效的积极性休息方式并付诸实践。如在学习疲倦时主动进行体育锻炼等。感受多种体育活动和比赛中的乐趣。达到该目标时，学生能够感受体育活动和比赛中的乐趣。如体验小篮球、小足球等比赛中得分时的乐趣和成就感。	1. 掌握有一定难度的基本身体活动方法。 2. 丰富奥林匹克运动的知识。 3. 了解运动项目的知识。 4. 学会体育学习和锻炼。 5. 观看体育比赛。 6. 掌握有一定难度的基本身体活动方法。 7. 基本掌握运动组合、技术动作，初步掌握运动损伤及常见意外伤害的预防与简易处理方法。	1. 初步了解人体运动系统。 2. 了解卫生防病的知识和方法。 3. 了解食品安全与健康的关系。 4. 初步掌握青春期的生长发育特点与保健知识。 5. 保持良好的身体姿态。 6. 提高灵敏性、力量、速度和心肺耐力。	1. 在体育活动中表现出克服困难的意志品质。 2. 在体育活动中注意调节自己的情绪，形成良好的体育道德意识和行为。 3. 在团队体育活动中能较好地履行自己的职责。 4. 遵守运动规则并初步自我规范队体育行为。 5. 正确认识和对待身体条件和运动能力的差异。 6. 在体育活动中注意调节自己的情绪。 7. 在团队体育活动中能较好地履行自己的职责。

续 表

	运动参与	运动技能	身体健康	心理健康和社会适应
七至九年级	初步形成体育锻炼的习惯。达到该目标时,学生将能够:自觉上好体育与健康课,经常参加简单的体育锻炼。如有简单的体育锻炼计划,并付诸实施等。初步形成积极的体育态度。达到该目标时,学生能够在体验运动乐趣的过程中初步形成积极的体育态度。如认识体育学习和锻炼的重要意义,对提高体育学习和锻炼的效果表达自己的观点,认真上好体育与健康课,积极参与体育锻炼等。	1. 基本掌握并运用运动技术。 2. 简要分析体育比赛中的现象与问题。 3. 提高体育学习和锻炼的能力。基本掌握并运用运动技术。提高运用运动的能力。 4. 将安全运动的意识迁移到日常生活中。	1. 了解生活方式与健康的关系。 2. 在运动项目练习中提高灵敏性、速度、力量、心肺耐力和健身能力。 3. 了解生活方式与健康的关系。 4. 基本掌握卫生防病的知识和方法。 5. 基本掌握青春期保健知识。	1. 具有坚决果断的决策能力。 2. 积极应对挫折和失败并保持稳定情绪。 3. 树立集体荣誉感。 4. 形成良好的体育品德行为并迁移到日常生活中。 5. 培养坚强的意志品质。 6. 学会调控情绪的方法。 7. 形成合作意识与能力。 8. 养成良好的体育道德。 9. 在体育活动中尊重相对较弱者。

第三节　演绎健美人生

根据"悦动体育"课程总目标和年级目标，我校开发了特色课程，构建了"悦动体育"课程，既能促进学生全面发展，又能满足学生的个性化发展，实现学科的特色化建设，全面提升课程品质。

一、学科课程结构

"悦动体育"依据《义务教育体育与健康课程标准(2011年版)》中课程的运动参与、运动技能、身体健康、心理健康与社会适应四个方面，并结合我校体育特色，学校从"悦参与、悦技能、悦健康、悦适应"四大板块进行构建"悦动体育"课程体系(见图4-1)。

图4-1　"悦动体育"课程体系结构图

（一）悦运动

"悦运动"课程指向的是运动参与。是学生发展体能、获得运动技能、提高健康水平、形成乐观开朗的生活态度的重要途径。促使学生主动参与体育活动的关键是通过形式多样的教学手段、丰富多彩的活动内容,培养他们参与体育活动的兴趣和爱好,形成坚持锻炼的习惯和终身体育的意识。在促使学生积极参与体育活动的基础上,还应使学生懂得科学锻炼身体的方法。该课程重在引导学生体验运动的乐趣,激发、培养学生的运动兴趣和参与意识。让学生自觉上好体育课,并经常参加课外体育锻炼,如有简单的体育锻炼计划,并付诸实施。在体验运动乐趣的过程中初步形成积极的体育态度。如认识体育学习锻炼的重要意义,对提高体育学习和锻炼的效果表达自己的观点,积极参与到课外体育锻炼中来。①

(二)悦技能

"悦技能"课程指向的是运动技能,是学生在体育和锻炼中掌握运动动作的培养途径。按照阶段性,通过丰富的体育课程内容的学习,学生在不同年级掌握相对应的运动技能,这是一个由简到繁的掌握过程。学习体育运动知识,提高体育学习和锻炼的能力,基本掌握科学的锻炼身体的基本知识与方法,如基本掌握运动强度和密度、靶心率、心率测定和运动量控制等基本知识和方法。基本形成自主、合作、探究的学习与锻炼能力,如根据体育学习或锻炼要求以及实际情况设置个人学习目标,选择学习策略。基本掌握并运用运动技术,在水平四时要求掌握田径类中短跑、中长跑、接力跑、跳高、跳远、投掷实心球。②

球类中掌握足球、篮球、羽毛球、排球、乒乓球、毽球的技术和简单战术。体操类中掌握器械体操、平衡木等。同时校本课程内容跆拳道掌握两套,射击掌握最少两种。增强安全意识和防范能力也属于运动技能,为此学生要从水平一至水平四时要逐渐提高至较强运动安全的能力,如比较全面的掌握运

---

① 熊祖成.浅谈运动与学生的健康[J].科学咨询(教育科研),2008,(1):168.
② 谭栖.北京体育大学体育教育实习生田径教学能力研究[D].中国优秀硕士学位论文全文数据库,2017,(12):H134—301.

动安全、保护他人和自我保护的方法以及常见运动损伤的紧急处理方法；基本掌握溺水的应急处理方法等。并将安全运动的意识逐渐迁移到日常生活中，如在日常生活中走路、汽车以及特殊天气(如下雪、下雨、大雾等)条件下注意安全，懂得自然灾害(如地震避险)或突发事件(火灾)发生时主动规避危险的知识与方法等。

（三）悦健康

"悦健康"指向的是身体健康，引导学生组建养成良好的运动健康目标。提高适应环境变化的能力，形成关注自身健康的意识和能力，引导学生懂得营养、行为习惯和疾病预防对身体发育和健康的影响，从而形成良好的身体。例如掌握基本保健知识和方法，了解生活方式与健康的关系，了解营养、睡眠、吸烟、饮酒等与健康的关系，知道膳食平衡有利于健康，充足的睡眠有利于生长发育，不良的生活方式有害健康；懂得食物中毒的常见原因；学会拒绝吸烟、酗酒的方法；了解毒品对个人、家庭和社会的危害，拒绝毒品等。同时掌握卫生防病的知识和方法，基本掌握一些疾病的预防知识和方法。如知道乙型脑炎、肺结核、肝炎的预防方法，不歧视乙型肝炎患者和病毒携带者；了解艾滋病的基本知识和预防方法，不歧视艾滋病患者和病毒携带者；不滥用镇静、催眠等成瘾性药物。遵循青春期的身心变化规律，基本掌握保健和知识方法。如知道青春期心理发展特点和变化规律，青春期常见生理问题的预防和处理方法；了解异性交往的原则，学会识别容易发生的性侵害的危险因素，保护自己不受侵害；预防网络成瘾等。最后全面发展体能与健康能力，在运动项目联系中提高灵敏性、速度、力量、心肺耐力和健身能力，在多种运动项目练习中提高灵敏性。[1]

如在球类运动中提高灵敏性等在多种运动项目练习中提高速度水平，在民族民间传统体育活动项目中提高速度水平等在多种运动项目练习中提高

---

[1] 中华人民共和国教育部．义务教育体育与健康课程标准(2011年版)[S].北京师范大学出版社,2012,38—39.

力量水平,在体操类运动中提高力量水平等在多种运动项目练习中提高心肺耐力,在田径类运动中提高心肺耐力等。

(四) 悦适应

"悦适应"课程指向的是心理健康和社会适应,重在培养学生自尊自信,不怕困难,坦然面对挫折的能力,是课程功能和价值的重要体现。培养坚强的意志品质,具有坚决果断的决策能力,积极应对各种困难,并果断作出决策。如在篮球比赛中,根据场上的形势变化果断作出决策行为等。学会调控情绪的方法,积极应对挫折和失败并保持稳定情绪,分析体育学习和锻炼中遇到挫折和失败的原因,并保持稳定和积极情绪。如正确认识挫折的原因,保持良好的心态等。形成合作意识,提高能力,树立集体荣誉感,在集体性体育活动中共同努力实现目标。如在比赛中为了集体的最终胜利,愿意为同伴创造更好的进攻时机等。[①]

具有良好的体育道德,并迁移到日常生活中。在体育活动、比赛和日常生活中表现出良好的道德行为。如表现出公平、诚实、友爱、礼貌、尊重等行为。

我校特色课程是指跆拳道与射击。跆拳道课程从一年级贯穿到九年级,而射击由于项目专业性和安全性,从三年级才开始进行学习,跆拳道作为本校的特色已纳入校本教材内容进行教学,射击是未来即将开展的课程。

二、学科课程设置

学校依据《义务教育体育与健康课程标准(2011年版)》和学科课程理念对"悦动体育"课程进行了体系建构;除基础课程外,我们根据年级及学期设置了具体课程(见表4-2)。

[①] 史万礼.初中体育教师健康教育知识研究[D].中国优秀硕士学位论文全文数据库,2015,(4):H130—709.

表 4-2 "悦动体育"课程设置表

	内容 年段		"悦动体育"课程			
			悦运动 （运动参与）	悦技能 （运动技能）	悦健康 （身体健康）	悦适应 （心理健康与 社会适应）
具体课程设置	一年级	上学期	足球小游戏	宝贝快站好 排队我最快	形体训练	模仿秀
		下学期	足球我会运	开心跳跳跳 接力小明星	健康饮食	平衡木
	二年级	上学期	篮球我会拍	抛出美丽的 彩虹	形体训练	独木桥
		下学期	篮球游戏	翻出最美的 圆圈	健康饮食	双人跳绳
	三年级	上学期	玩转足球	体操我最棒 跑步我最快	安全游戏	校园定向
		下学期	足球运球高手	立定跳远	爱眼有方	定物找物
	四年级	上学期	篮球运球能手	奔跑的旋律 运动的乐趣	健康科普	拓展训练营
		下学期	篮球运球比赛	跳高小健将	人体解读	小小教练员
	五年级	上学期	篮球投准	我会往返跑	肩肘倒立	悦动韵律
		下学期	足球会配合	投掷小健将	燕式平衡	悦动韵律
	六年级	上学期	三步上篮 我拿手	武术打起来	头手倒立	篮球炫
		下学期	足球比赛	奔跑的速度	分腿腾跃	篮球炫

续　表

内容＼年段		"悦动体育"课程			
		悦运动（运动参与）	悦技能（运动技能）	悦健康（身体健康）	悦适应（心理健康与社会适应）
七年级	上学期	排球垫球	足下千米	运动损伤的预防	功夫小子
	下学期	篮球比赛	速度与激情	运动损伤的处理	功夫小子
八年级	上学期	足球战术配合	八百我坚持	引体向上	炫舞火花
	下学期	篮球战术配合	速度与变换	仰卧起坐	炫舞火花
九年级	上学期	排球垫球我选择	奔跑与永恒弯道引领	小小医生	篮球风
	下学期	排球垫球我选考	中考专训	塑形训练营	篮球风

课程示例 4

跆拳道课程纲要

一、课程背景

跆拳道是一项重礼仪、强意志、健身体的体育运动,已被正式列入奥运会比赛项目。跆拳道是人们把人类生存的本能意识通过肢体有力的动作表现出来,其所有动作都以自身的防卫本能作为基础,然后逐渐变为一种主观信念,从防御动作发展到进攻形态,最终达到自动化的行为阶段。道的本身蕴藏着一种精神追求的信念，最重要的一点是强烈的爱国热情和正义感。道，作为一种民族精神的体现，要求练习者须具备勇猛、善战、敢打敢拼的素质，培养坚韧不拔的作风，讲究礼仪修养以及完善的人格。因此跆拳道教学是与思想品质教育紧密结合的。用它"礼义廉耻、忍耐克己、百折不屈"的精神来培养学生良好的意志品质和精神修养，培养具备自信、忠诚、尊敬、明礼、诚信、正直、协作、友爱、恒心的健全人格。

阳明学校的校训为"学思结合，知行合一"，学校的校园精神为"志存高远，自强不息"。跆拳道的精神为"礼义廉耻，忍耐克己，百折不屈"。从两者之间，我们找到了共同点。学习跆拳道实质就是学会四种方法，即做人做事、战胜自我、走向成功、学会如何获得心灵安宁平和。跆拳道教学原则是因材施教、安全第一、知行合一。我们实施"以跆拳道精神促德健体"办学特色，就是坚持普及与提高相结合，挖掘学生潜能，发展学生个性，培养学生特长，为学生全面发展、个性发展、可持续发展奠定基础，为学生成长、成才、成功创造条件。

我们与南昌市二体校合作，开设跆拳道校本课程，推广一系列跆拳操（舞），组建跆拳道队，普及与提高相结合，传承跆拳道精神和跆拳道文化，希望以跆拳道精神促进学生形成良好的道德，拥有健康的体魄。于是，我们编写了《青少年跆拳道基础教程》校本教材。

将跆拳道作为一门课程确立，保障了学生每周训练的时间，学生学习跆拳道的热情很高。学校每年会分年级进行跆拳道操（舞）比赛，"礼义廉耻，忍耐克己，百折不屈"的跆拳道精神在阳明校园传递。各班保证了一周一节跆拳道课，我校自一年级到九年级，各班基础保证了一周一节跆拳道课。如果因特殊原因调整课程表，跆拳道课依然能够及时补上。师资有保障，陈强老师曾获江西省四特杯青少年跆拳道比赛冠军。

二、课程目际

（一）阅读体育杂志，观看跆拳道视频，了解跆拳道的发展历史。

（二）认识跆拳道服，知道跆拳道比赛的基本规则。

（三）认识到跆拳道运动能有效地锻炼身体，促进身心健康，培养学生爱国主义情感。

三、课程内容

本课程为一年级到九年级对象进行指导教学，注重在体育教学的过程中，培养学生之间的人际交往，在体育的世界中学会为人处事的道理，为学生多创设自主交流的时间和空间，让学生在自由的环境中，相互合作、相互启发、相互提高。通过跆拳道教学方式的创新，既培养学生的跆拳道技能，又提升学生的综合素质，在完成教学基本目的前提下提高学生的技术战术能力，最后实现学生合作精神和竞赛意识的提升。具体内容如下：

（一）跆拳道规则

一场跆拳道比赛就像人生缩影。首先要学会尊重对手，因为是对手给了我们人生历练的舞台，让我们展现精彩，强劲的对手能让自己变得更强大。尊重对手，就必须懂得遵守规则，因为规则才能造就平等的舞台并带来公平和秩序，这是规则的意义所在，对于任何一个从事竞技运动的人而言，要想在竞技运动中出彩，就要善于理解是规则的要义所在。

（二）跆拳道技能

跆拳道是一种有着深刻含意的武道，是集柔、韧、锐利、力量四者合一技术。如：摆踢、后踢、劈腿等。

（三）跆拳道战术

了解跆拳道基本战术如：直接进攻方式、压迫式进攻、引诱式进攻、反击战术、克长战术、打短战术、抢攻战术、边线进攻等。

四、课程实施

我校自一年级至九年级每周除两节体育课外，开设一节跆拳道课。由南昌二体校派遣专职教练到学校进行任教，所有学生进行免费训练。学生从一年级起学习跆拳道的基本精神和基本动作。

将跆拳道作为一门课程确立，保障了学生每周训练的时间，学生学习跆拳道的热情很高。学校每年会分年级进行跆拳道操（舞）比赛，"礼义廉耻，忍耐克己，百折不屈"的跆拳道精神在阳明校园传递。

（一）示范教学

通过教师分析示范，掌握跆拳道的基本技术和战术要领。对于刚接触跆拳道的学生来说，可以先通过教师的示范、讲解，再观看有关跆拳道的视频，这样能更迅速地了解跆拳道，教师在课堂中可以使用简单易学的技术动作让学生模仿，让学生渐渐熟悉基本的跆拳道动作，并增加一些有关跆拳道的游戏，使学生体会到跆拳道的乐趣。

（二）专项训练

注重学生的积极参与，为跆拳道比赛打下基础。在课堂上，教师应该注重加强对基本技术动作的练习，要熟练地掌握球感，每一个技术动作都要了如指掌。

（三）擂台赛

实施"周周乐·擂台赛"活动，每周都有跆拳道操表演。有的班级还根据光盘自编了一套跆拳道舞。各班的班级文化展示因为有跆拳道表演，更是锦上添花。整个校园洋溢着积极向上的文化气息。

五、课程评价

本课程在评价时注重学生的个体发展，关注个体差异，激发个体的主体精神，促进学生全面发展。教师给予及时的评价，让学生对自己更加了解，树立信心。

（一）展示性评价

开展跆拳道技能大赛，体现的个人能力；通过每个项目的积分制来获取积分，分别评选出三个等级的奖项。

（二）积分制评价

每周实施"周周乐·擂台赛"活动，每周都有跆拳道操表演。积分来进行排名，比赛结束后评选出获胜球队，成为最佳球员。

本校引进射击师资人才为本校带来特色射击课程，基于我校提出的办学理念,让每一个孩子心灵澄明敞亮,"悦动体育"课程中射击锻炼学生集中注意力,稳定心理素质,矫正我们的身姿,培养学生顽强、果断、勇于克服困难的意志品质,让孩子们的心灵得到一个综合的锻炼。具体课程如下(见表4-3)。

表4-3 射击课程设置表

内容 学期		课程内容				
		学生入场	组织上课	规范训练	强化训练	专项训练
三年级	上学期	清点学生人数,按号依次进入	学生起立、坐整齐、强调纪律、卫生	播放阅兵式视频,向解放军学习坐、行姿势	再次强调,保持标准姿势	让学生更多地了解射击项目,培养学生兴趣
	下学期	清点学生人数,按号依次进入	学生起立、坐整齐、强调纪律、卫生	播放阅兵式视频,向解放军学习坐、行姿势	再次强调,保持标准姿势	让学生更多地了解射击项目,培养学生兴趣
四年级	上学期	清点学生人数,按号依次进入	学生起立、坐整齐、强调纪律、卫生	播放阅兵式视频,向解放军学习坐、行姿势	再次强调,保持标准姿势	培养学生的荣誉感
	下学期	清点学生人数,按号依次进入	学生起立、坐整齐、强调纪律、卫生	播放阅兵式视频,向解放军学习坐、行姿势	再次强调,保持标准姿势	培养学生的荣誉感
五年级	上学期	清点学生人数,按号依次进入	学生起立、坐整齐、强调纪律、卫生	播放阅兵式视频,向解放军学习坐、行姿势	再次强调,保持标准姿势	培养学生的荣誉感

续 表

学期\内容		课程内容				
		学生入场	组织上课	规范训练	强化训练	专项训练
	下学期	清点学生人数，按号依次进入	学生起立、坐整齐、强调纪律、卫生	播放阅兵式视频，向解放军学习坐、行姿势	再次强调，保持标准姿势	培养学生的荣誉感
六年级	上学期	清点学生人数，按号依次进入	学生起立、坐整齐、强调纪律、卫生	讲解射击动作要领，举枪练习基础动作	专项体能训练	专项心理强化训练
	下学期	清点学生人数，按号依次进入	学生起立、坐整齐、强调纪律、卫生	讲解射击动作要领，举枪练习基础动作	专项体能训练	专项心理强化训练
七年级	上学期	清点学生人数，按号依次进入	学生起立、坐整齐、强调纪律、卫生	讲解射击动作要领，举枪练习基础动作	专项体能训练	专项心理强化训练
	下学期	清点学生人数，按号依次进入站姿	学生起立、坐整齐、强调纪律、卫生	讲解射击动作要领，举枪练习基础动作	专项体能训练	专项心理强化训练
八年级	上学期	清点学生人数，按号依次进入	学生起立、坐整齐、强调纪律、卫生	讲解射击动作要领，举枪练习基础动作	专项体能训练	专项心理强化训练
	下学期	清点学生人数，按号依次进入	学生起立、坐整齐、强调纪律、卫生	讲解射击动作要领，举枪练习基础动作	专项体能训练	专项心理强化训练

续　表

内容\学期		课程内容				
		学生入场	组织上课	规范训练	强化训练	专项训练
九年级	上学期	清点学生人数,按号依次进入	学生起立、坐整齐、强调纪律、卫生	讲解射击动作要领,举枪练习基础动作	专项体能训练	专项心理强化训练
	下学期	清点学生人数,按号依次进入	学生起立、坐整齐、强调纪律、卫生	讲解射击动作要领,举枪练习基础动作	专项体能训练	专项心理强化训练

第四节　拥有健康体魄

"悦动体育"课程依据学科课程理念、课程目标进行课程设置,学科通过构建"悦动课堂""悦动空间""悦动体育节""悦动社团""悦动体育赛事"进行课程实施。

一、打造"悦动体育课堂",彰显阳明魅力

"悦动体育"引领学生发现体育的美,提高学生的身体素质。

"悦动体育"课堂是在我校体育与健康课程的基础上建立的体育学科的特色课堂。"悦动体育"坚持以身体锻炼为本,即以学生为中心,在课堂教学中老师充分考虑学生的个性特征,使每个学生都能发展他们的特长,尊重学生在课堂学习活动中的主体地位,具体来说就是老师在课堂上创设良好的教学情景,激发学生学习的兴趣,让学生始终处于一种良好、和谐、愉悦的学习

氛围中,让每个孩子都觉得学习是件快乐、幸福的事,并且乐此不疲。①

（一）"悦动体育课堂"的基本要求

"悦动体育课堂"基本要求的五个关键词：1. 解放。教师要解放教学思想,尊重学生主体地位,关注不同学生学习需求。2. 丰富。教学内容要丰富多彩,教师创造性地使用教材,促使学生综合能力全面发展。3. 立体。教学过程要完整立体,教师要注重教学环节设计的层次性、完整性,使教学过程立体生动。4. 灵动。教学方法要灵动多样,恰当有效地运用多媒体技术,注重创设情境,关注课堂生成,注重接受与探究方式的结合。5. 缤纷。教学评价要多彩缤纷,教师利用多种评价方式,促进学生体育素养,提高身体素质。

（二）"悦动体育课堂"的实施

1. 上课、听课、评课,直面问题。悦动体育课堂基本要求,首先要遵循悦动体育的核心理念。为了使课程更好地实施,必须加强我校全体体育学科教师的教学水平,理论和实践两手抓,每周会轮一位体育老师上公开课,组内其他体育老师进行点评、研讨,加强老师的教学能力,并积极跟随区教研团队的听课活动。同时还要求进行网络学习体育教学相关知识。

2. 课题联动,解决问题。围绕"悦动体育课堂"课题之下,对全体体育教师进行小课题研究的专题培训,引导老师如何从问题出发,选择小课题进行悦动体育课堂的有效研究。教研组确定共同的研究课题,制订研究方案,教师个人的主题研究与组内的课题研究同时并进。

在教学中,我们体育老师始终以"悦动体育"为核心理念进行教学,课堂教学中要让学生以欢乐的心态投入到体育课堂中,心态动起来,触动他们的思想动起来,让他们养成锻炼的习惯,这样健康才能动起来。

---

① 姚玲珠.童趣课堂：让图画为绘本阅读增值[J].新课程：综合版,2016(1)：53—54.

(三)"悦动体育课堂"评价

"悦动体育"关注学科理念落实效果,我们合理选择体育与健康学习评价内容,包括体能、知识与技能、态度与参与、情意与合作。围绕体育学科课程目标,教研组设计出含有教师评价、学生评价、其他人员评价悦动体育课堂的评价表,发挥多方面评价主体的作用(见表4-4)。

表4-4 "悦动体育"课堂评价量表

评价内容		评价等级分值					综合评分
		项目	A	B	C	D	
体能	30分	力量	6	5	4	3	
		速度	6	5	4	3	
		耐力	6	5	4	3	
		柔韧	6	5	4	3	
		灵敏	6	5	4	3	
知识与技能		20分	20	18	15	12	
态度与参与		10分	10	9	8	7	
情意与合作		10分	10	9	8	7	
教师评价		10分	10	9	8	7	
学生评价		10分	10	9	8	7	
其他人员评价		10分	10	9	8	7	
评语						总分	
		签名:				等级	

倡导"悦动体育"学习,培养良好的体育锻炼习惯。有句话说得好,习惯成自然。无论做任何事,只要有了良好的学习态度,事情往往就成功了一大半。学习更是如此,"悦动体育"学习就是调动学生学习的积极性和主动性,增进学生身体健康的过程。

培养良好的体育锻炼习惯,我们应该做到心理上不畏困难,吃苦耐劳,不论严寒酷暑,都要有积极的心态和饱满的精神;不穿妨碍运动或易造成意外伤害的服装、鞋子,不佩戴妨碍运动或容易造成意外伤害的饰品;另外还要保证睡眠充足,饮食科学(见表4-5)。

表4-5 "悦动体育"锻炼习惯评价表

项目	评价标准	等级（优良中下）	建议
课前常规	思想心理准备		
	物质准备(着装要求)		
	生活饮食		
上课常规	主动学习,用心思考,积极练习		
	上课纪律,练习要求		
	爱护器材		
下课常规	总结评价		
	学生评价		
	器材归放		

二、建构"悦动空间",开展具有魅力的最美大课间

秉承"每天锻炼一小时,快乐学习一整天,健康生活一辈子"的理念,我校搭建"悦动空间",开展具有魅力特色的最美大课间活动。

（一）"悦动空间"活动实施

"悦动空间"分为广播体操、跆拳道、蛇形跑、眼保健操、跳绳等几个环节，具体安排如下（见表4-6）。

表4-6 "悦动空间"实施安排

上午大课间活动项目			
项目	时间	内容	音乐
入场	3分钟	铃响下课，站好队，整齐下楼慢跑至操场指定位置	入场音乐
广播体操	4分钟	根据节拍做广播体操	规定音乐
跆拳道	5分钟	跆拳道基本拳法、腿法、跆拳道舞	规定音乐
跑步	6分钟	蛇形跑，拉伸操	规定音乐
退场操	2分钟	听退场音乐，按顺序放松精神进入教室，原地停留的班级根据节拍做放松退场操	退场音乐
下午大课间活动项目			
项目	时间	内容	音乐
眼保健操	4分钟	安静、放松听音乐，根据节拍做眼保健操	规定音乐
入场	3分钟	眼保健操结束后，整齐下楼跑到操场指定的位置	入场音乐
跆拳道	5分钟	跆拳道基本拳法、腿法、跆拳道舞	规定音乐
跳绳	6分钟	双脚、单脚、双脚交换、双人跳	规定音乐
退场操	2分钟	听退场音乐，按顺序放松精神进入教室，原地停留的班级根据节拍做放松退场操	退场音乐

"悦动空间"要求全体师生共同参与，提高学生的积极性，增进师生关系。由于时间紧凑，每个环节都是由体育老师统一口令，每个环节由其他科任老

师进行辅助衔接,使得最美大课间顺利进行。为确保课间活动安全,还制订了应急预案,对特发情况有相应的措施,这样更确保学生的安全。

(二)"悦动空间"的课程评价

"悦动空间"活动内容是要求全班参与、全校参与,为了确保最美大课间的活动质量,学校成立德育检查小组,检查各班出操人数、动作质量、进退场次序等。德育处将检查的结果进行登记,每周进行评比并颁发流动红旗(见表4-7)。

表4-7 "悦动空间"评价表

项目	评价标准		得分
	分项	细则	
最美大课间活动	进出场(10分)	各班伴随音乐限时集合,队伍整齐、保持安静。如未做到每人扣1分	
	动作(20分)	动作不规范,每人扣1分,动作错误,每人扣2分	
	口号(20分)	出操时各班喊响口号,体现班级精神,口号不响亮、不整齐扣1至2分,没有口号扣5分	
	节奏(20分)	节奏与音乐不吻合,抢拍或跟不上节奏,每人扣1分	
	纪律(20分)	吵闹、队伍不整齐,说笑打闹,每人扣1分	
	出勤(10分)	无故缺席,无故迟到每人扣1分	
教师参与	班主任参与管理	班主任无故不到场、不参与管理扣10分	
累计总分			

三、创设"悦动体育节",激发参加体育运动的兴趣

(一)"悦动体育节"的活动设计

为了激发学生对运动的热情,我校体育课程开展了运动会比赛、乒乓球比赛、篮球比赛、班级足球联赛、跆拳道表演等。通过丰富多彩的体育艺术节,激发学生的学习兴趣,让学生更加积极主动地投入到课堂中去。我校的体育艺术节分为以下4个板块:

1. 群体竞赛板块:(1)径赛:100米、200米、400米、4*100米;(2)田赛:跳高、跳远、实心球。

2. 趣味体育板块:摸石过河、两人三足、五人六足、跳绳、拔河、踢毽子等。

3. 家庭游乐板块:托球接力、背娃娃等。

4. 体育公益板块:宣传、环保等活动。

(二)"悦动体育节"的评价

"悦动体育节"是校园文化的重要组成部分,学校体育节以节日系列活动的形式开展,是全校性体育活动的一种有效组织形式。为了更好地达成体育节活动的目标,我们设置了详细的评价标准(见表4-8)。

表4-8 南昌市阳明学校"悦动体育节"评价表

项目	评价标准	等级(优良中下)	建议
运动会比赛	学生的参与热情		
	比赛成绩名次的评定		
乒乓球比赛	技能的运用		
	战术的运用		
	比赛成绩名次的评定		

续　表

项目	评价标准	等级（优良中下）	建议
篮球比赛	技能的运用		
	团队的配合		
	得分的评定		
足球比赛	技能的运用		
	团队的配合		
	得分的评定		
跆拳道表演	表演的精神面貌		
	表演的动作标准		
广播操比赛	表演的精神面貌		
	表演的动作标准		
体育知识竞赛	比赛名次评定		

四、"悦动体育社团"，享受体育学习的快乐

社团活动的开展，作为学校课堂教育的延伸，发挥着重要的作用，是提高学生技能的重要一环。

（一）"悦动体育社团"创建与实施

根据学校的场地以及师资力量，我们开设了以下社团，分别有篮球、乒乓球、羽毛球、足球、跆拳道、武术、田径等社团。社团学习时间分别是下午课后进行，学生根据兴趣自愿选择进行报名，各社团会对悟性好的学生进行着重培养，组建队伍，进行备赛。

(二)"悦动体育社团"活动评价方式

为保证社团出成绩、上水平、真正成为学校每一个人共同的社团。特别制定了相应的活动评价标准,主要从基本体能、运动技能、学习态度、体育品德等维度进行评价。具体评价标准如下(见表4-9)。

表4-9 南昌市阳明学校"悦动体育社团"评价表

评价内容	评价标准	评价等级	自我评价	小组评价
基本体能	1. 练习任务完成情况 2. 运动成绩提高程度	好		
		一般		
		需努力		
运动技能	1. 能够说出已学知识或动作名称术语 2. 已学运动项目动作完成情况	好		
		一般		
		需努力		
学习态度	1. 课内、外学习,锻炼出勤情况 2. 课内、外学习锻炼态度	好		
		一般		
		需努力		
体育品德	1. 以同伴练习配合情况 2. 练习时克服困难表现	好		
		一般		
		需努力		
教师评语				
综合评价				

五、组织"悦动体育赛事"

组织各种比赛,不仅能够激发学生对各个项目的学习,还能促进身心的健康培养,锻炼个人、凝聚集体,为终身体育打下良好的基础。

（一）"悦动体育赛事"的活动安排

比赛项目均由区统一组织策划，制订比赛方案，学校依照方案具体落实，学校经过选拔优秀的选手进行参赛。具体实施安排如下(见表4-10)。

表4-10　南昌市阳明学校"悦动体育赛事"安排表

比赛时间	比赛内容	比赛级别
三月	乒乓球	区级
四月	羽毛球	区级
五月	篮球	区级
九月	田径	区级
十二月	足球	区级

"悦动体育"课程的核心是，以乐出发，引入课堂，学生被动变主动，引导学生主动投入，从而培养学生的体育锻炼习惯，最终达到获得技能、锻炼身心健康的目的。

（二）"悦动体育赛事"的评价要求

为了提高赛事水平，实现以赛事促进学习、促进技能提升的学科培养目标，学校"悦动体育赛事"对体育赛事的评价主要从赛事组织实施、赛事训练、赛事成效三个方面展开。首先，赛前筹备报名筛选有序进行。体育组教师合理制订赛事训练方案，合理布置场地，进行赛事训练安全事项讲解，通知到位每一名比赛学生。其次，做好教练员、领队等赛事培训，有序进行开闭幕式、检录、成绩统计与公告。最后，学校对区赛事进行评估总结、表彰。评价要求如下(见表4-11)。

表4-11 南昌市阳明学校"悦动体育赛事"评价表

内容	评价标准	等级（优良中下）	建议
训练考勤	按次数登记		
基本训练	训练的态度		
	训练任务完成情况		
	训练成绩的提高程度		
	课后训练任务完成情况		
比赛	比赛成绩		
	比赛精神面貌		
体育品德	与同伴训练配合情况		
	练习时克服困难表现		
教师评语			
综合评价			

综上所述，南昌市阳明学校体育学科秉承"致良知，得秀气，秉精要"的课程理念，以培养学生德、智、体、美、劳全面发展为目标；依托"悦动体育"课程体系，把学生培养成亮堂堂、活泼泼、有良知、能力行的"致良知少年"。

（执笔人：涂发盛 魏思平）

第五章

顺 天 地

高瞻远瞩的文化视野

阳明先生云:"目无体,以万物之色为体;耳无体,以万物之声为体;鼻无体,以万物之臭为体;口无体,以万物之味为体;心无体,以天地万物感应之是非为体。"目应观万物,心应感万物,清醒地认识万物,而能心怀豁达,高瞻远瞩,提高人的生命之美。[1] 学习英语可以更好地了解世界,学习先进的科学文化知识,促进思维发展,丰富认知方式,传播中国文化,增进学生与各国青少年的沟通和理解。 我校的"乐雅英语"课程群以胸怀世界的信念给学生提供视觉方面真实的经验,通过大量的听和读来感受英语的发音韵律和语言的整体结构,感受到英语的原味及内涵;带领学生了解中外文化异同,加深对中国文化的理解,进而拓展文化视野,形成文化交际意识和初步的跨文化交际能力。

---

[1] 叶勇.王阳明"意"论研究[D].贵州大学,2016.

架世界桥梁做文化使者

我校现有英语教师十人,其中小学英语教师四人,初中英语教师六人,中小学一级教师四人,中小学二级教师六人,平均年龄 34 岁,教龄在八至十七年之间。这是一支年轻而强有力的团队,组内有南昌市劳模创新工作室、江西省五一巾帼标兵、南昌市五一劳动奖章获得者、南昌市骨干教师、东湖区学科带头人,全国教学竞赛一等奖 5 人次,全省教学竞赛特等奖、一等奖 2 人次,这十位老师近 8 年来承担国家级、省级、市级、区级示范课和各级各类教学竞赛、荣誉称号、论文论著发表、课题研究累计 150 余项,在江西省乃至全国都获得专家与一线同仁的认可与好评。阳明学校英语组秉持学校的"致良知教育",发挥团队力量,积极参加各级各类的教研活动来提高业务以及专业素养,每位教师都有自己鲜明的教学主张,老师们在平时的教学工作中形成了"知行合一,致良知"的教学风气,逐渐形成具有我校系统的、特色的学科教学。

第一节 擘画世界语言之宏图

一、学科课程价值观

人类只有一个地球,已经进入信息时代的它变得"越来越小",全球化趋势将在 21 世纪更为凸显,世界已进入中国,中国已走向世界,各国在追求本国利益的同时也开始兼顾他国合理关切,在谋求本国发展中促进各国共同发展,人类彼此间的交往随着科技水平的提高越来越方便,越来越频繁。各个国家、各个民族之间的文化交流、科技交流和信息交流已成为人类生活的不可缺少的重要方面,英语是当今世界广泛使用的国际通用语,学习和使用英语对汲取人类优秀文明成果、借鉴外国先进科学技术、传播中华文化、增进中国与其他国家的相互理解与交流具有重要的意义和作用。青少年肩负着未来发展的重任,学习英语可以更好地帮助他们了解世界,学习先进的科学文化知识,促进思维发展,丰富认知方式,传播中国文化,增进他们与各国青少年的相互沟通和理解,为升学、接受职业教育以及就业等奠定有力的发展基础,同时也帮助他们树立人类命运共同体意识和多元文化意识。[1] 学习英语还能帮助学生形成开放、包容的性格,发展健康的审美情趣和良好的鉴赏能力,加深对祖国文化的理解,坚定文化自信,形成正确的人生观、价值观和良好的人文素养,为其未来参与知识创新和科技创新储备能力,为未来更好地适应世界多极化、经济全球化以及信息化奠定基础。

义务教育阶段的英语学科具有工具性和人文性双重性质,且二者并重。就工具性而言,英语课程承担着培养学生基本英语素养和发展学生思维能力的任务。就人文性而言,英语课程承担着提高学生综合人文素养的任务,即学生通过英语课程能够拓展视野,丰富生活经历,形成文化意识,增强爱国主义精神,发展创新能力,形成良好的品格和正确的人生观、价值观。工具性和人文性统一的英语课程要求通过英语学习和英语实践活动,使学生逐步掌握英语知识和技能,提高英语实际运用能力,促进思维品质发展,锻炼意志,陶冶情操,发展个性,为学生的终身发展奠定基础。

课程应从英语学科核心素养尤其是英语学习活动观的角度设计,通过建立"英语学院"的模式将课内外学习融合,遵循多样性和选择性原则,根据不同层次的学生心理特征、认知水平开展丰富的社团活动,完善课程评价体系,丰富英语课程学习资源,课程的落脚点要不仅有利于学生了解世界,还能促进他们更好地理解和传播中国文化,坚定文化自信,鉴赏国外优秀文化,促进

---

[1] 陈晓云.英语学科德育的内涵与方法探讨[J].兴义民族师范学院学报,2018(2):98—102.

思维发展,形成正确的人生观、价值观和良好的人文素养。

二、 学科课程理念

基于英语学科学习的特点和立德树人的根本任务,并结合我校的"致良知"教育理念,学校英语组提出"乐雅英语"课程,培育学生的心灵品质,争取让每一个孩子都亮堂堂、活泼泼、有良知、能力行,努力培育具有中国情怀、国际视野和跨文化沟通能力的具有大国风范之青少年,落实"立德树人"的根本任务。学生在"乐雅英语学院"除了学习国家课程,还可以自主选择不同层次、形式的社团活动课,课程不仅有利于学生更好地了解世界,还能促进他们更好地理解和传播中国文化,坚定文化自信,鉴赏国外优秀文化,促进思维发展,形成正确的人生观、价值观和良好的人文素养。

我校重视小初衔接。结合我校生源特点,经过英语组反复研讨,确定小学的根本任务和落脚点是"培养兴趣、打好基础",确定了"乐雅英语学院之乐英语"课程,即:乐拼、乐读、乐看、乐秀。通过让学生在轻松愉悦的气氛下感知和模仿英语发音,掌握有效记忆和使用英语词汇的方法,让学生乐拼英语;通过给学生提供视觉方面真实的经验,促使学生通过大量的听和读感受英语的发音韵律和语言的整体结构,感受到英语语言的原味及内涵,让学生乐读英语;通过带领学生了解中外文化异同,加深对中国文化的理解,进而拓展文化视野,形成文化交际意识和初步的跨文化交际能力,让学生乐看英语;依托丰富的课堂形式,让学生在情境中体验英语学习的过程,对知识形成真正的理解、展示,让学生乐秀英语,为升入初中做好铺垫。

初中生抽象逻辑思维发展进入关键期,开始由"经验型"向"理论性"转化,创造性思维能力提高,具有强烈的求知欲和探索精神,英语组将初中课程的落脚点放在"用英语做有意义的事情、成为有素质的小公民",新课标中提出的英语学科核心素养理念与以往最大的不同之处就在于培育学生的"思维品质",得阅读者得天下,培养学生思维品质的不二法门是阅读教育,校英语组构建"乐雅英语之雅英语课程",采取"课内课外""线上线下""必修与选修"

相结合的模式,学生除了学习国家课程,还通过教研组精心设计与挑选的高质量的读写课程、英文绘本、名著和分级阅读、报刊阅读等触摸英语的魅力,通过鉴赏英文歌曲和电影作品,汲取人类优秀文化的精髓,从而内化提升自我修养,做文雅的有跨文化意识的中学生,通过形式多样的听、说、读、看、写社团活动,学会做儒雅的有审美情趣的阳明人。

为此,根据"乐雅英语"的课程理念、学科性质、课程目标等方面的要求,团队从以下几个方面来考虑:首先根据学校生源实际学情设计课程;其次创设课堂教学环境,通过专家引领更新教学理念,开阔教学方式;再通过课程实施,培养学生自主学习能力,引导学生探究学习、小组合作学习,促进学生逐渐成为全面发展的人。在课程建设的过程中,也是逐渐完善"乐雅英语学院"教学模式的过程,同时也是提升教师专业能力,促进我校青年英语教师专业发展和队伍建设的大好契机。

第二节　做扬中国文化之使者

《义务教育阶段英语课程(2011年版)》的总目标是:通过英语学习使学生形成初步的综合语言运用能力,促进心智发展,提高综合人文素养。我们将这二者有机结合,英语学科核心素养的形成建立在语言能力(含语言知识和语言技能)、文化意识、思维品质和学习能力等方面有机整体发展的基础之上。语言技能和语言知识是综合语言能力的主要部分,语言能力是基础,所有的维度都是为了提高学生的语言能力;文化意识有利于正确地理解语言和得体地使用语言,是价值取向,教师和学生都应该坚定文化自信;学生能辨析语言和文化的具体现象,具有批判性、创造性的辩证思维,思维品质是心智特征;有效的学习策略保证了学习效率和发展自主学习能力,积极的情感态度有利于促进学生主动学习和持续发展,学习能力是英语学习发展的条件。这四个方面相辅相成,共同促进英语学科核心素养的形成与发展。我校英语组按照上述元素为基调来培养学生的英语语言综合素养和胜任力，结合现行的《义务教育英语课程标准(2011年版)》，我们将乐雅英语课程目标制定如下：

一、学科课程总目标

小学总目标：对继续学习英语有兴趣，能用简单的英语互致问候，变换有关个人、家庭和朋友的简单信息，并能就日常生活话题作简短叙述。能在图片的帮助下听懂、读懂并讲述简单的故事，能在教师的帮助下表演小故事或小短剧，演唱简单的英语歌曲和歌谣。能根据图片、词语或斜句的提示，写出简短的描述。在学习中乐于参与、积极合作、主动请教，初步形成对英语的感知能力和良好的学习习惯，乐于了解外国文化和习俗。

初中总目标：有较明确的英语学习动机、积极主动的学习态度和自信心。能听懂有关熟悉话题的陈述并参与讨论。能就日常生活的相关话题与他人变换信息并阐述自己的意见。能读懂相应水平的读物和报纸、杂志，克服生词障碍，理解大意；能根据阅读目的运用适当的阅读策略；能根据提示独立起草和修改小作文；能与他人合作，解决问题并报告结果，共同完成学习任务；能对自己的学习进行评价，总结学习方法；能利用多种教育资源进行学习，进一步增强对文化差异的理解与认识。

（一）语言能力

语言技能是英语学科核心素养的基础要素，是其最重要组成部分，主要包括听、说、读、写等方面的技能的综合运用，还包括语音、词汇、语法以及用于表达常见话题和功能的语言形式。

我校小学阶段学生应达到：能根据指令做事情，能学唱英语儿童歌曲和歌谣15到30首，能够运用最常用的日常用语进行口头表达，并且做到发音清楚，语调基本达意。能在教师的指导下用英语做游戏并在游戏中进行简单的交际，并且在教师的帮助和图片的提示下描述或讲述简单的小故事。能够看图识词,能模仿范例写句子,并且在书写过程中,正确地使用大小写字母和常用的标点符号。能简单地写出问候语和祝福语,并且能根据图片、词语或例句的提示,写出简短的语句。在课堂上每周20分钟到25分钟的视听基础上,在教师的帮助下表演小故事或小短剧。学生在三至六年级的学习过程中能够达到正确读出26个英文字母,了解简单的拼读规则,了解单词有重音,句子有重读,了解英语语音包括连读、语调、节奏、停顿的目标。在日常会话中做到语音、语调基本正确、自然、流畅,并根据重音和语调的变化,理解和表达不同的意图和态度。词汇方面,在知道词汇由哪些单词构成的基础上,能根据单词的音、义、形来学习词汇。初步掌握运用400个左右的单词来表达二级规定的相应话题。学习者在语法功能话题方面,达到理解和运用某些语言表达形式来表达和用法。并且在实际运用中体会语法项目的表意功能。理解和运用有关下列功能语言表达形式:问候、介绍、告别、请求、邀请、致谢、道歉、个人情况、家庭与朋友、身体与健康等。

  我校初中学生毕业时应达到:能根据语调和重音理解说话者的意图,能听懂接近自然语速的故事和叙述,理解故事的因果关系,能就简单的话题提供信息,表达简单的观点和意见,参与讨论。能与他人沟通信息,合作完成任务,能用英语表演短剧,口语活动中做到语音、语调自然,语气恰当。能找出文章中的主题,理解故事的情节,预测故事情节的发展和可能的结局。能读懂相应水平的常见体裁的读物,累计15万字,在常见的语境中整合性地运用已有语言知识,识别其恰当表意所采用的手段,有效地使用口语和书面语表达意义和进行人际交流。在日常生活会话中做到语音、语调基本正确、自然、流畅,根据重音和语调的变化,理解和表达不同的意图和态度,根据读音规则和音标拼读单词。了解英语词汇包括单词、短语、习惯用语和固定搭配等形式,理解和领悟词语的基本音义以及在特定语境中的意义,运用词汇描述事物、行为和特征,说明概念等,学会使用1 500~1 600个单词和200~300个习惯用语或固定搭配。了解常用语言形式的基本结构常用表意功能。在实际运用中体会和领悟语言形式的表意功能。理解并运用恰当的语言形式描述人和物，描述具体事件和具体行为的发生、发展过程，描述时间、地点及方位，比较人、物体及事物等。

（二）文化意识

文化意识与语言学习的形成是相辅相成的，它是价值取向。

小学阶段学生应达到：知道英语中最简单的称谓语，问候语和告别语。对一般的赞扬、请求、道歉等作出适当的反应。知道世界上主要的文娱和体育活动。知道英语国家中典型的食品和饮料的名称。知道主要英语国家的首都、国旗、重要标志物等。了解英语国家中的重要节日。最终使学习者在学习和日常生活中，能初步注意中外文化差异。

初中阶段学生应达到：初步了解英语国家的地理位置、气候特点、历史等，了解英语国家的人际交往习俗、饮食习俗，了解世界上主要的文娱和体育活动，了解世界上主要的节假日及庆祝方式，关注中外文化异同，汲取文化精华，加深对中国文化的理解，形成正确的价值观，坚定文化自信，形成自尊、自信、自强的良好品格，能初步用英语介绍祖国的主要节日和典型的文化习俗。

（三）思维品质

思维品质是学生的心智特征。根据布鲁姆认知目标分类和英语学习活动观，我们的目标可以分为：知道、领会（学习理解），应用、分析（实践应用），综合、评价（迁移创新），根据学生特质的不同，在任何一个年级的英语教学中，都应该因材施教，在不同程度上尽量给予每个学生思维上的有效训练。

学生学习理解主题意义：感知注意语言特点，获取与梳理信息并形成结构化知识，概括与整合话题意义；应用实践：描述与阐释主题，分析与判断文本中的现象与观点，内化目标语是如何为主题意义服务的，运用所学语言（即用英语做有意义的事情）；迁移创新：分析论证、批判与评价、想象与创造，阶梯式地形成逻辑性思维、批判性思维和创造性思维。

（四）学习能力

在英语教学中，教师要有意识地帮助学生形成自己的学习策略。

小学阶段学生应达到：积极与他人合作，共同完成学习任务。遇到问题主动向老师或者同学请教。会制订简单的英语学习计划，并且对所学内容能主动复习和归纳。在词语与相应事物之间建立联想。在学习中集中注意力，并且在课堂交流中，注意倾听，积极思考。尝试阅读英语故事及其他英语读物。积极运用所学英语进行表达和交流，注意观察生活和媒体中使用的简单英语，最终初步借助简单的工具书学习英语。

初中阶段应达到：根据需要进行学习，在学习中集中注意力。在学习中善于记要点，在学习中善于利用图画等非语言信息理解主题，借助联想学习和记忆词语。对所学内容能主动复习并加以整理和归纳。在学习中积极思考，主动探究，善于发现语言的规律能运用规律举一反三。使用英语时，能意识到错误并进行适当的纠正。必要时，有效地借助母语知识理解英语。尝试阅读英语故事及其他英语课外读材。明确自己学习英语的目标。明确自己的学习需要。制订切合实际的英语学习计划。把握学习内容的重点和难点。注意了解和反思自己学习英语中的进步与不足。积极探索适合自己的英语学习方法。经常与老师和同学交流学习体会。积极参与课内外英语学习活动。在课内外学习活动中能够用英语与他人交流。善于抓住用英语交际的机会。在交际中，把注意力集中在意思的表达上。借助手势、表情等体态语进行交流。交际中遇到困难时，有效地寻求帮助。在交际中注意判断中外交际习俗的差异。注意通过音像资料丰富自己的学习。使用简单的工具书查找信息。注意生活中和媒体上所使用的英语。能初步利用图书馆或网络上的学习资源。

保持学生积极的学习态度是英语学习成功的关键，所以教师应在教学中不断激发并强化学生的学习兴趣。

小学阶段学生应达到：在英语学习中，能够体会到英语学习的乐趣。敢于开口，表达中不怕出错误。乐于感知并积极尝试使用英语，积极参与各种课堂学习活动。在小组活动中能与其他同学积极配合和合作。遇到困难时能大胆求助,并且乐于接触外国文化,增强祖国意识。

初中阶段学生应达到:有明确的学习目的,能认识判断学习英语的目的在于交流,有学习英语的愿望和兴趣,乐于参与各种英语实践活动。有学好英语的信心,敢于用英语进行表达。能在小组活动中积极与他人合作,相互帮助,共同完成学习任务。能体会英语学习中的乐趣,乐于接触英语歌曲、读物等。能在英语交流中注意并理解他人的情感。遇到问题时能主动请教,勇于克服困难。在生活中接触英语时,乐于探究其含义并尝试模仿。对祖国文化能有更深刻的了解,具有初步的国际理解意识。

二、学科课程年级目标

基于以上目标,依托"乐雅学科"课程理念,确立我校系统而持续渐进的英语课程体系目标,来逐步实现对语言综合运用能力培养的总目标,我校三至九年级具体分类目标如下(见表 5-1)。

第三节 构建七彩斑斓之世界

一、学科课程结构

英语课程的学习,既是学生通过英语学习和实践活动,逐步掌握英语知识和技能,提高语言实际运用能力的过程;又是他们磨砺意志、陶冶情操、拓展视野、丰富生活经历、开发思维能力、发展个性和提高人文素养的过程。学校英语教研组在教研会议上确立我们的课程精神核心为"乐雅",享受英语学习的过程,让学生成为快乐的、有高雅情趣的英语学习者。课程从听说读写、文化探究与学习实践出发,分为"乐英语"和"雅英语"两个主版块进行建构(见图 5-1)。

表 5-1 "乐雅英语"年级目标表

年级	语言技能	语言知识	学习策略	情感态度	文化意识
三年级	1. 能根据指令做出相关反应。 2. 能学唱英文歌曲或者歌谣8到10首。	1. 了解简单的自然拼读。 2. 能正确书写26个字母。	1. 能在教师的引导下积极与他人合作。 2. 会制订出简单的英语学习计划。	喜欢学英语,乐于参与课堂的英语活动。	1. 了解西方国家的重要标志物。 2. 熟练运用英语最简单的问候语,称谓,告别用语。
四年级	1. 能对教师课堂的英语指令做出相关反应。 2. 能够学唱英文歌曲或者歌谣20首。	1. 尝试根据单词的音,形,义来学习词汇。 2. 了解字母组合在单词中的发音规律。	1. 对所学内容开始尝试进行复习和归纳。 2. 在课堂交流中,学会注意倾听,思考,听讲。	1. 享受英语学习过程,并在学习中主动用英语进行表达。 2. 能在小组活动中积极与他人合作,相互帮助,完成任务。	1. 知道世界国家国旗,歌曲,以及节日和体育活动。 2. 了解西方国家重要的标志物。
五年级	1. 熟练记忆所学单词,并模仿例句举一反三进行造句。 2. 能在教师的指导下表演小故事。	1. 理解并运用一般将来时时态。 2. 了解英语语音包括连续、节奏、停顿、语调等现象。	1. 在课堂交流中,学会注意倾听,思考,听讲。 2. 积极运用所学英语进行表达和交流。	1. 遇到问题能主动请教,并且克服困难。 2. 能在英语交流中注意和理解他人的情感。	1. 了解西方及文化习俗。 2. 在学习和日常交际中,初步注意中外文化异同。

续 表

年级	语言技能	语言知识	学习策略	情感态度	文化意识
六年级	1. 能够简单写出问候语和祝福语。能根据图片或者关键词的提示写出简单的词句。 2. 能在教师的指导下表演小故事或者短剧。	1. 掌握有关六年级话题600到700个单词以及50个左右的学习用语。 2. 了解英语语音包括连续、节奏、停顿、语调等现象。	1. 能初步借助简单的工具书或者网络资源学习英语。 2. 课堂上积极思考, 主动交流表达所学知识。	1. 对祖国的文化有更深的了解和探究意识。 2. 继续保持对英语学习的兴趣, 并在生活中接触英语时, 乐于探究其含义并尝试模仿。	1. 在学习和日常交际中, 主动探索中外文化异同。 2. 知道英语国家的首都以及主要城市。
七年级	1. 能听懂有关熟悉话题的语段和简短的故事。 2. 能读懂小故事及其他文体的简单书面材料, 课外阅读量累计4万字。 3. 能用短语或句子描述系列图片, 缩写简单的故事。 4. 能根据提示简要描述一件事情, 参与表演等活动。	1. 正确使用一般现在时、一般过去时, 现在进行时, 祈使句。 2. 了解语音知识, 会用100—200个习惯用语和700—800个单词。	能尝试使用适当的学习方法, 克服学习中遇到的困难。	对英语学习表现出积极性和初步的自信心。	能意识判别语言文化中存在的差异。

第五章 顺天地：高瞻远瞩的文化视野

续 表

年级	语言技能	语言知识	学习策略	情感态度	文化意识
八年级	1. 能用简单的语言描述自己或他人的经历，表达简单的观点。 2. 能读懂常见文体的小短文和相应刊登的英文文报刊文章，课外阅读量累计10万字。 3. 能合作起草和修改短文。	1. 会话中语音语调流畅、正确、自然。 2. 正确使用一般过去时态、过去进行时态、现在完成时态和比较级、最高级。 3. 掌握700—800个单词，100—200个短语。	能在学习中相互帮助，克服困难，能合理计划和安排学习任务，积极探索适合自己的学习方法。	有明确的学习目标，对英语学习需要表现出较强的自信心。	在学习和日常交际中能注意判别中外文化的异同。
九年级	1. 能读懂相应水平的读物和报纸、杂志，克服生词障碍，理解大意，课外阅读累计15万字。 2. 能根据阅读目的运用适当的阅读策略。 3. 能根据提示独立起草和修改小作文。	1. 正确使用被动语态、过去进行时、宾语和定语从句。 2. 使用200—300个短语，1500—1600个单词。	能与他人合作，解决问题并报告结果。能对自己的学习进行评价，总结学习方法。能利用多种教育资源进行学习。	有较明确的英语学习动机，积极主动的学习态度和自信心。	进一步增强对文化差异的理解与认识。

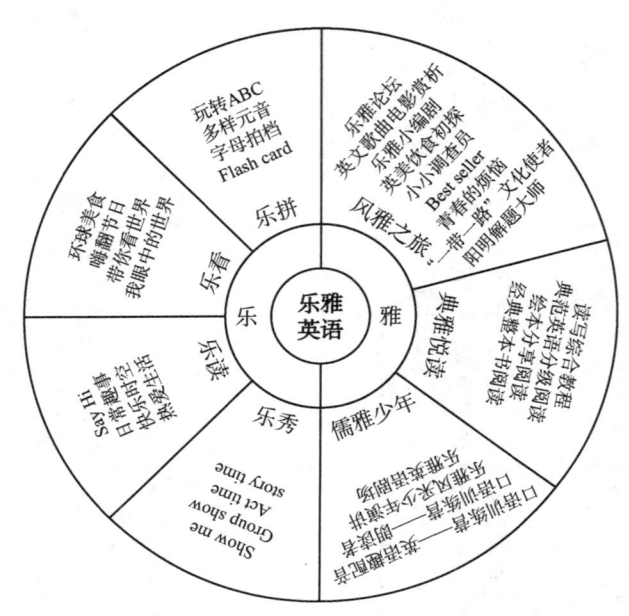

图 5-1　学科构建框架图

（一）"乐雅英语"之"乐英语"

"乐拼英语"旨在提升小学生的拼读能力，让学生在轻松愉悦的气氛下感知和模仿英语发音的特点，掌握有效记忆和使用英语词汇的方法，具体的课程内容包括玩转 ABC、多样元音、字母拍档、FlashCard。"乐读英语"让小学生了解中外文化的异同，加深对中国文化的理解，进而拓展文化视野，形成跨文化交际意识和初步的跨文化交际的能力，具体内容包括环球美食、嗨翻节日、带你看世界、我眼中的世界。"乐看英语"在朗读方面提供给小学生视觉方面真实的或是美感的经验，促使他们通过大量的听和读感受英语的发音韵律和语言的整体结构，感受到英语语言的原味及内涵，并帮助学生构建精神世界，培养多元智能，具体的内容包括 Say"Hi"、日常趣事、快乐时空、热爱生活。除此之外，学为所用才是王道，"乐秀英语"让学生在情境中体验英语学习的过程,教师依托丰富的课堂形式来让学生对知识形成真正的理解、展示自我,具体内容包括 Show Me、Group Show、Act Time、Story Time。"乐写英语"具体内容包括 My teacher, My week, My favorite season, My day, My classroom。

(二)"乐雅英语"之"雅英语"

"风雅之旅"是国家必修课程,是结合学习的话题在课堂内外开展的活动,通过完善学科评价体系来提升课程品质。"典雅少年"是课外必修课程,结合当前 O2O 形式、社团形式,根据学生平时学习的话题开设了一系列拓展课程,拓展了相关的人文知识、文化背景,开阔学生的视野,丰富生活经历,让学生在"学中做、做中学",形成跨文化意识,增强爱国主义精神,发展创新能力,从而达到培养学生英语语言运用能力和提高学生综合人文素养的目的。"典雅悦读"为每学年的选修课,把课内的教材进行延伸,以课外材料阅读为主,教师选择有品质、有趣味的话题,旨在增加语言知识、扩大词汇量、提升阅读能力、了解国内外热点话题和文化,让学生享受阅读、表演故事、分享感受,品味有魅力的、高雅的语言。

二、学科课程设置

我校在开设乐雅英语七个年级的课程时,一方面从学生的年龄特点出发,一方面基于教材内容出发,小学部"阶梯式"系统开设三到六年级共 16 门课程,"乐英语"课程设置如下(见表 5-2)。

表 5-2 "乐英语"课程设置表

年级	乐拼	乐看	乐读	乐秀	乐写
三年级	玩转 ABC	环球美食	Say "Hi"	English Games	
四年级	多样元音	嗨翻节日	日常趣事	Show me	

续 表

年级	乐拼	乐看	乐读	乐秀	乐写
五年级	字母拍档	带你看世界	快乐时空	Story Time	My teacher My week My favorite season
六年级	Flash Card	我眼中的世界	热爱生活	Making Posters	My day My classroom

初中部采取"线上线下""必修与选修"相结合的模式,"雅英语"课程设置如下(见表5-3)。

表5-3 "雅英语"课程设置表

年级	风雅之旅 (乐雅课堂)	儒雅少年	典雅悦读 (课外选修课程)
七年级	1. 新世界真奇妙。 2. Lost and Found。 3. 我是房屋设计师。 4. 英美饮食初探。 5. The Best Seller。 6. 爱的纽带——明信片。	1. 口语训练营之"英语趣配音"。 2. 视频作业——中国的春节。 3. 乐雅论坛——规则你我他。 4. 乐雅英语节——中西方节日文化。 5. 英文歌曲、经典电影赏析(线上)。 6. 英语国家印象(线上)。 7. 七年级书写大赛。 8. 语态雅写作课(必修校本课程)。	1. 绘本阅读《爱心树》《约瑟夫有件旧外套》《爷爷一定有办法》《金凤花姑娘和三只熊》。 2. 分级阅读《典范英语》《黑布林英语阅读》七年级。 3. 经典整本书阅读《小王子》《夏洛的网》。 4. 英文报刊阅读《21世纪英文报Teens》初一版。

续　表

年级	风雅之旅 （乐雅课堂）	儒雅少年	典雅悦读 （课外选修课程）
八年级	1. 分享会：我的暑假。 2. 小小调查员——阳明学生日常活动初探。 3. 美国迪士尼电影赏析及影评撰写（线上线下）。 4. 新年派对邀请函制作。 5. 青春的烦恼(1)。 6. 小小编剧。 7. 乐雅论坛——我的朋友。	1. 口语训练营之"英语趣配音"（线上）。 2. 乐雅剧场：《糖果屋》《愚公移山》《皇帝的新装》《音乐之声》。 3. 《双语朗读者》。 4. 乐雅演讲：未来生活畅享（PPT）、我的家乡。 5. 小小美食家：如何做南昌米粉、瓦罐汤。 6. 乐雅英语节——中西方节日文化。 7. 语态雅写作课（必修校本课程）。	1. 绘本阅读《金凤花姑娘和三只熊》、《时间》。 2. 分级阅读《典范英语》《黑布林英语阅读》八年级。 3. 经典整本书阅读《小王子》《夏洛的网》《鲁滨逊漂流记》。 4. 英文报刊阅读《21世纪英文报Teens》初二版。
九年级	1. 乐雅论坛——如何做一名高效的学习者。 2. 推理大师。 3. 青春的烦恼(2)。 4. 雅英语之解题高手大赛。 5. 致青春,致母校。 6. "一带一路"文化传播者。 7. 优秀英文歌曲赏析。	1. 口语训练营之"英语趣配音"（线上）。 2. 乐雅英语节——中西方节日文化。 3. 语态雅写作课（必修校本课程）。	1. 分级阅读《典范英语》《黑布林英语阅读》九年级。 2. 经典整本书阅读《小王子》《鲁滨逊漂流记》。 3. 英文报刊阅读《21世纪英文报Teens》初三版。

> 课程示例5

双语朗读者课程纲要

一、课程背景

目前我校学生口语整体水平仍处在低于全市平均的水平。在课堂上,学生面对老师的提问,大部分是旁观的态度,七年级的学生会举手,非常希望展示自我。到了八、九年级大多数学生不愿意开口、不敢开口,害怕答错、害怕同伴取笑,站起来会紧张或者无条理,大部分学生对于提高自己的听说能力处于"有心动而无行动"的状态。而且教师在面对50余人的班级授课中也不能照顾到每个个体,学生口语能力的提升效果不显著。在全国各地实行"人机对话考试"的环境刺激下,教研组为了改变现状,开设了"双语朗读者课程",通过此课程提升我校学生学习英语的兴趣,提高学生的英语学习积极性,引导学生发现英语的语言之美,语言之韵,让学生通过朗读培养英语语感和语言表达能力,增强他们的自信,丰富学生的校园生活,营造校园英语文化氛围。

二、课程目标

(一)通过鉴赏原声作品,跟读等方式培养良好的英语美文欣赏能力。

(二)通过配乐个人朗诵,双语朗读等方式提高英语语感,感受语言的韵律之美。

(三)通过活动加强学生的爱国情感、对生活的热爱。

(四)增强学生的自信心、自豪感,即坚定文化自信。

(五)为我校学生提供一个互相交流和学习的机会,提高学生学习的积极性,改变其学习精神面貌。

三、课程内容

教研组经过对我校学情的分析决定我们的朗读课程是"双语"的形式,其一,我校学生底子薄,加入中文,可以缓解他们的紧张和焦虑;其二也是最重

第五章 顺天地：高瞻远瞩的文化视野

要的一点，我们选取的内容都是健康的、积极向上的中外优秀文化结晶，能帮助学生坚定民族文化自信，而不是盲目崇拜西方文化，要取其精华去其糟粕。考虑语言积累量的问题，本课程从七年级下开始开设至九年级，每学期三篇，每年级从易至难安排如下。

（一）七年级下：

1. Guess How Much I Love You 《猜猜我有多爱你》
2. On the Stork Tower 《登鹳雀楼》
3. A Farewell to Meng Haoran on His Way to Guangling 《送孟浩然之广陵》

（二）八年级上：

1. Love Life 《热爱生活》
2. Today and Tomorrow 《今天和明天》
3. When You Are Old 《当你老了》

（三）八年级下：

1. Tell Me Why 《告诉我为什么》
2. Remembrance of Things Past 《追忆似水年华》
3. China 《中国》

（四）九年级上：

1. I Remember 《我记得》
2. To Youth 《致青春》
3. Mother 《母亲》

（五）九年级下：

1. Rush 《匆匆》
2. I Love My Motherland 《我爱我的祖国》
3. Saying Goodbye to Cambridge Again 《再别康桥》

四、课程实施

每学期3篇，根据朗读内容每两人或四人一小组，先各自练习，后配合练习,展示。每月挑战一个级别,一个月内脱稿自如朗诵的小组算晋级,每班可推选2组参加每年学校的乐雅英语节活动。教师利用早读教授学生掌握朗读技巧、细扣语音语调,先持稿练习后脱稿,3周后,在班级内可以利用每天的值日生报告时间双语配合公众朗诵。

五、课程评价

邀请3—4位中英文老师做评委,一个学期完成,给当月脱稿晋级的同学颁奖,学期末再次颁奖给优秀朗读者,邀请家长参加颁奖,颁奖典礼上让优秀朗读者做成果展示,具体评价指标见表5-4。

表5-4 双语朗诵评价表

评分标准	评估指标	标准	得分
语言准确 (30)	吐词清晰	10	
	语音准确	10	
	音调、音高合适	10	
语言流利 (30)	对朗诵文章的熟悉程度好,朗读流利	10	
	连读、词重音、句重音、语调合适	10	
	节奏准确、适中	10	
语言技巧 (30)	得体的肢体语言	10	
	感情丰富	10	
	有诵读技巧,和观众有共鸣	10	
朗诵效果 (10)		100	
最后得分		100	

第四节　担负世界文化之使命

学校英语教育承载着党的教育方针和教育思想,落实立德树人根本任务、发展英语学科核心素养、培养社会主义建设者和接班人的任务,旨在发展学生的语言能力、文化意识、思维品质和学习能力。于是,英语组围绕"致良知,得秀气,秉精要"的课程理念,英语课程建设以"乐雅英语"课程群为统领,通过英语基础课程发展学生关键能力和必备品格,设置多样化拓展课程,适应学生个性发展的需要,培养学生综合素养。通过多层的英语游戏和竞赛,激发学生学习英语的兴趣,发展学生运用英语的能力;通过多样的课堂实践活动,使学生体验英语与生活的密切联系,促进学习方式的转变,培养学生的创新意识和实践能力,为担负世界文化之使命打基础。

"乐雅英语"的理念为"快乐、高雅",应该创设学生积极主动与世界对话的育人环境,课程依据学科课程理念、课程目标、课程设置,本着人文性、工具性的性质,依据英语学习活动观,从以下五个方面(构建"乐雅课堂"、建设"乐雅课程"、创设"乐雅社团"、做活"乐雅英语节"活动、推行"乐雅教研")入手,依据学情,由浅入深实施。

一、建构"乐雅课堂",提升英语课程品质
(一)"乐雅课堂"的内涵与实施

乐雅课堂注重当前学校的教育形势,教研组从完善学科课程评价体系为切入点改善家校沟通的现状、帮助学生正确认识自我、提升自我。其内涵是强调学生的自主性和主动性、能动性和合作性,教师提供清晰、具体的学习目标,将其融入学科人文特色的学习内容,在家、校、生三方互动中让学生开心学习、愿意开口讲英语、视野得到开阔、情趣变得高雅。

小学"乐英语"课堂中的"乐拼、乐看、乐读"结合每节课前10分钟进行,

同时利用多元评价方式促进学生的学习能力形成和提高学习兴趣。教师尊重学生的主体地位，关注我校学生的需求，依据学生兴趣和不同学段的特征，注重情境创设，运用灵活多样的教学方式调动学生积极性，营造快乐、轻松的学习氛围，使学生积极参与学习，在学习过程中体会到英语的魅力。"乐英语"教学不仅让学生牢牢掌握知识，更重要的在于培养学生的语言技能。

  初中"雅英语"课堂追求的是情境与体验，从关注"教"到关注"学"，以"学"为中心，让课堂有生活气息、有思维魅力、有精神滋养，加入国际视野、家国情怀、热点时事，课堂上有现代信息技术的参与、交互，使得课堂内容丰富、高效、有情有景。此外，我们关注学习的全过程，课前预习、完成作业，通过线上平台大数据反馈给各任课老师，教师结合数据反馈设计课堂，适时拓展延伸训练；关注课堂中学生的小组合作和积极参与等学习态度；同时关注阶段性评价；主动给出学习建议；关注课后复习的环节，让学生成为英语学习的主人。"风雅之旅"和"典雅少年"均为必修课，从线上到线下，从课内到课外。"典雅悦读"内容由学生根据自己的能力、爱好选择，专人搜集表格并统计，根据不同学习内容进行分班，由专任教师授课。通过以上课程内容，让学生关注中外文化异同，汲取文化精华，加深对中国文化的理解，形成正确的价值观，坚定文化自信，形成自尊、自信、自强的良好品格。

（二）"乐雅课堂"的评价标准

  英语学科核心素养的教学评价应以形成性评价为主并辅以终结性评价，定量评价与定性评价相结合，注重评价主体的多元化、评价形式的多样化、评价内容的全面性和评价目标的多维化。评价结果应能全面反映学生英语学科核心素养发展的状况和达到的水平，发挥评价的激励作用和促学功能，对英语教学形成积极正面的反拨作用，促进英语课程的不断发展和完善。通过评价使学生在英语学习过程中不断体验进步与成功、认识自我、建立自信、调整学习策略,同时评价也要能使教师获得英语教学的反馈信息,对自己的教学行为进行反思和调整,不断提高教育教学水平。

小学部设计了"乐雅课堂"之"乐英语"评价量表,以量化的方式对课堂进行评价,分为基础性评价、特色性评价和终结性评价,具体参考见下表(见表5-5、5-6、5-7、5-8)。

表5-5 "乐英语"课程评价表

评级内容		评价等级			备注
		A	B	C	
基础性评价	课堂表现				
	听说读写方面				
特色性评价	歌谣歌曲方面				
	表演方面				
	思考练笔方面				
终结性评价(小学)	口语表达(语言才艺展示)				
	语言知识和技能综合测试(书写字母,单词,阅读理解)				
终结性评价(初中)	口语表达(语言才艺展示)				
	核心素养考查(语言能力、文化意识、思维品质、学习能力)				

表 5-6　基础性评价标准表

形式	评价内容	评价标准	评价等级
基础性评价	课堂表现	1. 课堂纪律良好,认真听讲,发言大胆积极。 2. 在教学的各个环节引入竞争机制,从单词、课文朗读、对话表演、回答问题质量等方面,小组活动中所体现的合作精神,信息交流能力。	每周统计一次,以量化为标准。对表现好的学生给予奖励,例如设"小组合作奖""模仿秀奖""英语明星""进步之星"等奖励。发挥对学生的激励和导向作用。以 A/B/C 为等级标准。
	听说读写方面	1. 每天按时发语音或完成口语作业。 2. 作业完成认真,能按时书写并及时上交。	每周统计一次,共计 8 次,以量化为标准。完成书面作业并干净、认真,得 A;按时完成,但不太认真,得 B/C。 以听读为标准,每天完成听读 30 分钟,得 A;完成一半的为 B;基本没有完成的为 C。期末依据听读表统计。

表 5-7　特色性评价标准表

形式	评价内容	评价标准及等级
特色性评价	表演	1. 每周按时完成得 A。 2. 完成一半的,为 B。 3. 基本没有完成的为 C,期末依据听读表统计。
	书写达人展评	1. 根据比赛分为一、二、三等奖。 2. 获一等奖的为 A。 3. 获二等奖的为 B。 4. 获三等奖的为 C。

续　表

形式	评价内容	评价标准及等级
	歌唱	1. 根据英文歌曲能准确地唱出歌词为 A。 2. 能根据英文歌曲能唱出一半歌曲内容为 B。 3. 只能唱出其中几句为 C。
	思考练笔	1. 能理解所学,真实地表达自己的思想,有内涵,有特色,有迁移创新,为 A。 2. 较能理解所学,较能真实地表达自己的思想,较有内涵与特色,创新尚可,为 B。 3. 不能理解所学,不能真实地表达自己的思想,没有体现其内涵和特色,分析思考、推理判断对其来说有难度,为 C。

表 5-8　终结性评价表

形式	评价内容	评价标准及等级
终结性评价	口语测试	A：展示时语音语调标准,口语表达自然流畅,整体有 2 处以内错误。 B：展示时语音语调较标准,口语表达较流畅,整体有 5—8 处错误。 C：展示时语音语调不标准,口语表达极不流畅,整体有 8 处以上错误。
	小学语言知识和技能测试(听力、书写、单词记忆、阅读理解)	A：能借助图片读懂简单的故事或小短文,能理解并解释图表提供的信息,能找出文章的主题,理解故事的情节,能利用词典等工具进行阅读。 B：较能借助图片读懂简单的故事或小短文,较能理解并解释图表提供的信息,较能找出文章的主题,较理解故事的情节,较能利用词典等工具进行阅读。 C：不能借助图片读懂简单的故事或小短文,不能理解并解释图表提供的信息,不能找出文章的主题,不能理解故事的情节,不能利用词典等工具进行阅读。

初中部注重学生平常的学习行为、态度、习惯的培育,因此建立了"乐雅课堂"之"雅英语"评价体系,分纸质和电子学生英语学习成长袋。纸质评价袋中可放置多种培育学习态度、行为习惯的评价表(见表5-9、5-10、5-11、5-12)、我的阅读作品(我最喜爱的谚语、名言、我的剪报,学生可以把自己喜爱的各类英语阅读作品摘录)、我的作文作品(自己的随笔、日记、自己满意的作文)、我的收获、奖状(和英语学习相关的奖状等)、我的感想、反思、我下阶段努力的目标。我们制作了导学、导教、导测量的多种评价表,建立家校联系本,主要用于日常家校联系,让学生自评、互评、家长和教师评等,取代以前的"一张考卷下定论"的局面。

表5-9 家校联系本之家庭学习评价表

评价内容	自评			家长评定		
	A	B	C	A	B	C
1. 自觉认真地完成英语家庭作业						
2. 每天在家自觉认真地完成一起中学听说作业或"趣配音"						
3. 主动尝试应用所学英语						
4. 爱惜学习用具(英语课本、评价档案、作业本等)						
5. 每天记得把自己的东西收拾好并准备好次日的上学用品						

表5-10 家校联系本之课堂学习评价表

评价内容	自评			教师评定		
	A	B	C	A	B	C
1. 遵守纪律,上课注意力集中						
2. 积极思考,勇于回答问题						

续　表

评 价 内 容	自评			教师评定		
	A	B	C	A	B	C
3. 主动、积极地与他人合作交流,积极参与 pair work 和 group work						
4. 回答的问题有质量、有见解、有特点						
5. 每天听写情况						

表 5-11　家校联系本之同伴评价表

评 价 内 容	A	B	C
1. 在英语学习中总是能集中注意力			
2. 英语学习中积极思考,善于记要点			
3. 经常与老师和同学们交流英语学习体会			
4. 积极参加乐雅英语课程各项活动			
5. 通过多种渠道学习英语			
6. 乐于和同学们学习、乐于提供帮助			
7. 早读课大声有感情地朗读课文			

表 5-12　阶段学习评价总表

Class:	Name:	NO.	Unit:	Grades:
For teacher					
Listening Comprehension(听力)	Problems(该部分由教师填写存在的问题)				
Spelling and Handwriting(书写)					
Reading Comprehension(阅读)					
Writing(书面表达)					

续 表

For Students	
I am good at(我的优势)	
I find difficulty in(我的弱项)	
I like(我喜欢的部分)	
I don't like(我不喜欢)	
What I need to improve(仍需努力的地方)	
Words to teacher(给老师的话)	
My goal(我的下个阶段的目标)	
For parents	
Behavior at home(在家表现)	
Habits of learning(学习习惯)	
Expectation & Requirements(要求与期望)	

《家庭英语学习评价表》和《课堂英语学习评价表》由教师、学生、家长每天填写记录,同伴评价表每周填写一次,《阶段学习评价总表》在每单元或每个学期的期中期末考试之后填写。电子成长档案袋由教研组注册学校专用百度云盘,将学生英语学习的过程性材料存入网盘,供全校师生共享与保存。

二、建设"乐雅课程",丰富英语课程内涵

我们主要开设了"语态雅写作课程"和"典雅悦读课程"。

（一）语态雅写作课程

让学生写一篇作文，其语言运用能力会充分暴露出来，这是因为写作是一种综合性活动。它不仅考查了学生的词汇、语法等语言要素，而且考查学生的组织能力、分析能力、表达能力以及对各种语体的掌握能力等。[①] 然而，我校学生的写作水平滞后，表达不清晰、逻辑思维能力和谋篇布局能力欠缺，语用能力薄弱，有些同学甚至不能动笔，还有抄阅读理解文章的现象。教师对学生的写作指导基本在语言层面，对语篇和段落结构关注不多，写作指导缺少策略和方法，以机械训练为主，通常是将每单元最后一课时写作布置成作业，学生回家写完带来给老师批改，再发回去，费时、低效，有的教师甚至直接跳过不讲，忽略了写作教学。为了改善我校读写教学，设计本课程，旨在激发和培养学生学习英语的乐趣，使学生树立自信心，养成良好的学习习惯并形成有效的学习策略。语言作为人类生活的交际工具，与思维密不可分，能体现出一个人的思维水平，而学生的思维应该是生动活泼、千变万化的，而不是仅仅对照着课本背和抄，它不是语音、词汇、语法三要素简单、机械地组合。所以，平时抓好课堂40分钟，有效地利用课内外时间开展一些有关为写而读、读写结合的活动来丰富课程内容，帮助学生稳固扎实基础显得尤为重要。我校开设"语态雅读写课"，小学的"乐写"课程和初中的"风雅之旅"版块都是以教材中的典型话题为依托由课内延伸至课外，学生在话题学习之后，通过读写结合活动，对单元话题所需要的目标语言进行了整合性复习，主要在每单元教学的最后一课时穿插进行。

1. 语态雅课程的内容与实施。我们团队将创造性地选用部分课外内容作为拓展，结合国家课程同时使用，提供课本之外更加生动有趣的、形式多样的语言环境，享受用英语写作的乐趣，本课程和课堂教学紧密联系，作为课堂教学的延伸和辅助，充分地考虑了学生的年龄特点和语言知识储备情况。

本课程的理念是：以建构主义理论和课程标准为依据，以阅读教辅材料

[①] 朱玲.英语作文评分方法信度分析[J].琼州学院学报,2010.3.

为基础构建,遵循学生的最近发展区,根据教材中每个单元的内容,选用学生普遍感兴趣的话题,让学生有话想说、有话可说,同时辅以小组合作、探究学习形式,采用自评、师评、互评等方式提高写作水平。

小学课程安排(以下5课分布在五、六年级随单元话题教学适时进行):

Lesson 1   My teacher

Lesson 2   My week

Lesson 3   My favorite season

Lesson 4   My day

Lesson 5   My classroom

初中课程安排:

Lesson 1   My weekend/My summer vacation

Lesson 2   Survey: What do Yangming School Students Do in Their Free Time?

Lesson 3   Best friends

Lesson 4   The best city to live in/My hometown

Lesson 5   Mickey Mouse

Lesson 6   New Year's Resolutions

Lesson 7   Future life

Lesson 8   Thanksgiving in the United States

Lesson 9   Making, accepting and turning down an invitation

Lesson 10   The person who has taught me most

Lesson 11   My favorite festival

Lesson 12   How can we solve our problems?

Lesson 13   A new ending to a story

Lesson 14   Pandas

Lesson 15   Singapore — A place you'll never forget

Lesson 16   Is it a good idea to keep dogs?

Lesson 17   Vacation Postcards

Lesson 18   A trip to space

Lesson 19   A memorable day

Lesson 20   Charity：What are you going to do?

初中的20节课分布在七至九年级上下两个学期进行,穿插在单元教学中,均围绕着帮助学生学会写主题句,主题句下有支撑句,辨别事实和观点,同时用事实、例子、感受和观点佐证自己的主题思想,学会用连接词将文章联系起来使之流畅、连贯、有逻辑、有条理。课程内容均紧紧围绕课本单元话题,适当做的延伸拓展,教材的文章并不是每一篇都是典型的,值得学生去借鉴写作,而且不是都很容易值得学生借鉴写作的,这种情况下,我们借助了外面的教材做引领。

可以借鉴外市长短课、跨年级课的做法,即长课用来指导写作,短课用来分享和成果展示,跨年级课可以采取八、九年级混年级上,一起探讨,不同年级的学生对同一事物的看法和心得进行分享。

另一方面,教师应当加强业务学习,利用每周三下午进行业务提升和学习,确保课程的顺利实施和开展。

2. 语态雅课程的评价。我们采取过程性评价与终结性评价相结合的方式进行。

过程性评价：评价是否所用为所学,即有无用到今天新授知识。评价学生的学习态度(含上课出勤率、精神面貌、回答问题质量、作业态度、作业质量、小组合作融洽程度、表达是否恰当得体、有无创造性地表达自己的思想等),结合《语态雅英语课程》中的评价量表(表5-13),教师每节课应该制作相应课次的评价细则,促进学生每节课都有所收获,课程结束时写作水平应达到课程标准规定相应年级的要求。在语态雅评价表中,我们主要对学生从写作内容、结构、态度、是否用了新知等方面评价,该表格中的总分由学生互评、自评和教师评得出(见表5-13)。

表 5-13　语态雅读写评价量表

Checklist		
1. Does it have a clear structure?	Yes(　)	No(　)
2. Does he/she use the new language we learnt?	Yes(　)	No(　)
3. Are all the ideas related to the topic?	Yes(　)	No(　)
4. Does it have a clear content?	Yes(　)	No(　)
5. Does it have any creative ideas or meaningful information?	Yes(　)	No(　)
6. Are there any spelling, punctuation or grammatical mistakes?	Yes(　)	No(　)
7. Does it have a neat handwriting?	Yes(　)	No(　)
8. Does it use the linking words to make it logical and smooth?	Yes(　)	No(　)
Total：		
Teacher's words：		

终结性评价即每学期的期末考试和小升初、中考的"作文"部分。

（二）典雅悦读课程

1. 典雅悦读课程的内容与实施。初中生毕业时要达到 15 万字的阅读量，在提倡全民阅读的时代，青少年阅读教育显得更为重要，我们提倡有意义的、身心愉悦的阅读，所以"典雅悦读"版块则是学生阅读由教师每学期精选出的一部分绘本、报刊和经典小说，课前教师导读、在家自主阅读、课上分享阅读，给每位学生发放"典雅悦读选修课表"（见表 5-14）、"典雅悦读银行存折"（见表 5-15），学生们组成阅读兴趣小组，由教师进行阶段性验收阅读效果。七年级学生可以读绘本和分级阅读，每月一本，八、九年级则是进行整本书阅读，每学期一本，利用初中英语社团时间和课后完成（见表 5-14）。

表 5-14 "典雅悦读"课程选修课表

班级：＿＿＿＿ 姓名：＿＿＿＿	请在所选的上课内容上划√
1. 七年级《爱心树》	
2. 七年级《约瑟夫有件旧外套》	
3. 七年级《金凤花姑娘和三只熊》	
4.《典范英语》	
5. 八、九年级整本书阅读《小王子》	
6.《21世纪英文报》	
7. 八年级绘本《时间》	
8. 七、八年级整本书阅读《夏洛的网》	
9. 八年级名著阅读《鲁滨逊漂流记》	

表 5-15 典雅悦读银行存折

Book：＿＿＿＿ Chapter：＿＿＿＿ Date：＿＿＿＿	
Who	
When	
What	
How	
Why	
Main idea	
Beautiful sentences or words	
What I learnt	
Teacher's words：	

2. 典雅悦读课的评价。我们从学生在家学习态度、是否自主阅读、课堂导读参与性、课后作业完成情况进行评价(见表5-16)。

表5-16 典雅悦读评价表

评价类别	评价内容	得分（每项满分10分）		
		师评	自评	同伴评
学习态度	态度端正、勤学好学、积极向上			
在家自主阅读	完成"悦读银行存折"并内容丰富、详实、有趣			
课堂导读	回答问题积极，回答内容起积极影响			
小组合作	表现积极，总能起到带头示范作用，有团队合作精神			
兴趣作业	按时完成老师布置的兴趣作业并且优秀			
总分(满分50分)				
教师寄语：				

三、创设"乐雅社团"，发展英语学习兴趣

（一）小学部 Happy Club

1. Happy Club 社团内容与实施。小学的主旋律是听说能力的培养，使学生在语音、语调方面都有不同程度的提高，能够让学生在具体的真实语境中表达英语，更好地辅助英语教学。我们借助英语角活动的开展，提高学生的学习兴趣和口语水平。Happy English, Happy life,"快乐英语,快乐生活"是我们的宗旨,"乐秀"为学生创造一个交流的空间,丰富同学们的生活。通过制作英语贺卡,英语小游戏,画图标单词,英语手抄报,英语单词大比拼等形式展开,侧重培养学生的兴趣和动手操作能力。

在英语游戏活动中学生介绍自己的学校设施,问路等对话形式,也可以画出自己心目中的校园等;制作手工表,并能用所学句型训练时间的问法,并能向别人询问时间以及在某个时间该干什么,在游戏中重点训练孩子动手能力。画图标单词,根据中央电视台天气预报图标,自己绘出天气预报图标,并能在图标旁边标出英语单词,重点培养孩子的动手和动脑能力,并能联系生活实际,把英语知识生活化。英语单词大比拼,本部分主题要求学生对日常常见的蔬菜和动物进行分类汇总,也可以设计学过的内容和生活中见到的此类单词,目的是丰富孩子的词汇量。

在 Show Me 制作英语贺卡活动中,学生制作的贺卡可以帮助人们互送吉祥语,是人们对生活的期冀与憧憬。教研组根据课内学习活动在线上搜集了一些有意义的英文贺卡制作视频教程,以锻炼学生动手能力,促进人与人之间的情感交往。

Story Time 时间,学生还可以表演课本当中的 Story Time 以及课外经典绘本故事。

制作英语手抄报,能够提高学生学习英语的兴趣,丰富学生的课余生活,扩大学生的英语文化知识,让学生通过搜集资料,动手设计制作手抄报,发挥自己的想象力和创造力,学会用英语做事情,使英语学习变得更有乐趣。

2. Happy Club 社团的评价。社团从活动设计、过程和效果来评价(具体见 5-17)。

表 5-17 小学 Happy Club 社团评价指标

评价项目	评 价 标 准	评价等级 (分 A,B,C 三个等级)
活动设计	1. 主题突出,操作性强,有创新、亮点	
	2. 前期宣传有力度	

续 表

评价项目	评价标准	评价等级 （分 A，B，C 三个等级）
活动过程	3. 成员参与程度高	
	4. 现场秩序良好	
	5. 后续有新闻报道	
活动影响	6. 质量高，对学生产生了积极影响	
	7. 社团形象得到提升	

（二）初中部 Fun Learning Club

1. Fun Learning Club 社团内容与实施。成功的双语学习者是在进行了大量的语言输入之后能有效有意义地进行语言输出的人。"典雅少年"为学生提供自我展示的平台，同时借助线上资源，在乐雅社团里，我们开设了"乐雅剧场""乐雅演讲比赛""乐雅论坛""乐雅英语打卡"，学生在各种仿真模拟的语言情境下用英语做有意义的事情，这对培养其表达能力、台风和应变能力等综合实力是有帮助的。这些活动每学期两至三次，结合单元话题教学和"典雅悦读"同时进行，可作为学习成果展示。

在乐雅剧场，学生可以表演课本剧和电影片段，还原经典场景，领略英美文化，在舞台上展现自我，学生在上台表演之前需要练习肢体动作和面部表情，在这样的练习过程中培养学生的自信和交流能力。

乐雅演讲比赛中，每班每节课都有值日生报告，内容可以是课本话题、自我介绍、推荐好听的歌、书籍、电影等不限，时间约 3 分钟。每学期每班挑出 5 名优秀学生代表本班参加演讲比赛，教师公布话题范围，由学生抽签决定先后顺序及演讲内容。

乐雅视频打卡时,学生结合课本学习内容拍摄"我家乡的新年""我的暑假""如何做南昌炒粉""制作香蕉奶昔"等主题性视频,一方面锻炼学生的英语语言能力,另一方面锻炼学生信息技术应用能力。

学生在乐雅论坛各抒己见,适时地结合当前热点时事话题和课本话题开展头脑风暴思想大碰撞,让学生在交流中学会倾听、学会准确地表达自己的思想、拓展自己的思维。

口语训练营则是学生训练口语的最佳方式,每天在"一起中学"上完成口语练习,周末和假期做"英语趣配音"。

2. Fun Learning Club 社团的评价。口语训练营之"英语趣配音"和"一起中学"的评价方式可以使用其平台上的评分来评估,在"乐雅剧场""乐雅演讲比赛"和"视频打卡"方面我们设计了如下维度的评价表(见表 5-18、5-19、5-20)。

乐雅剧本表演评价表从仪表仪态、语音语调、表演状态、剧本编排等方面评价。

表 5-18 "乐雅英语"剧本表演评价表

项目	分数(满分10分)
仪态仪表	
语音语调	
表达清晰流利	
表演得当、自然、有风采	
剧本编排有创意、有立意	
总分(满分50分):	
教师寄语:	

乐雅演讲比赛从演讲内容、表达能力、演讲技巧、仪表形象和时间把握等

方面评价。

表 5-19 "乐雅英语"演讲比赛评价表

项目	评价内容	得分
演讲内容	主题突出,充实生动,积极向上,满分 30 分	
表达能力	标准,语句流畅,无明显语法词法错误,语言地道,脱稿,满分 30 分	
演讲技巧	眼神交流到位,表达生动,体态语和表演技巧到位,满分 20 分	
仪表形象	衣着整洁得体大方,体现当代中学生精神风貌,满分 10 分	
时间把握	时间把握到位,满分 10 分	
总分(满分 100 分)		
教师寄语:		

乐雅视频打卡从主题内容、表达、拍摄、技术处理等几方面来评价。

表 5-20 "乐雅英语"视频打卡评价表

项目	得分
内容主题突出,充实生动,积极向上(10 分)	
表达标准,大方,语句流畅,无明显语法词法错误,语言地道(10 分)	
拍摄清晰,内容完整(10 分)	
视频编排有创意、有立意(10 分)	
适当运用信息技术手段为视频添彩(10 分)	
总分(满分 50 分)	
教师寄语:	

四、做活"乐雅英语节",浓郁英语学习氛围

(一)"乐雅英语节"的实施

英语学习为学生们打开了世界的窗户,英语节是文化集中的体现,教学内容中涉及中西方常见的传统节日,如中秋节、感恩节、圣诞节、端午节、万圣节、复活节等。为此,在乐雅英语节的平台上,学生走进各国不同的文化,体验文化,用英语讲述中西方的故事,感受文化差异的魅力,坚定文化自信,养成大国少年的风范。

1. 双语朗读者通过鉴赏原生作品,跟读等方式培养良好的英语美文欣赏能力。通过个人朗读、双语朗诵等方式提高英语语感,每两人一小组,先各自练习,后配合练习,展示。每月挑战一个级别,邀请3—4位中英文老师做评委,一个学期完成,给当月脱稿晋级的同学颁奖,学期末再次颁奖给优秀朗读者,邀请家长参加颁奖,颁奖典礼上让优秀朗读者做成果展示。

2. 中外文化展我们通过一系列中外节日主题活动让学生穿上不同服装、佩戴道具,展示西方节日风俗礼仪;尤其是在学习中国文化时,学生制作孔明灯、风筝、包粽子、包饺子,并用世界语言讲述中国故事;再如将课堂与篮球比赛结合,走进NBA,让学生们表演的同时也开阔了视野。

(二)"乐雅英语节"的评价

节日的评价可以在学校晨会上以奖状、赞扬的形式鼓励,评价维度可从以下几方面进行(见表5-21)。

表5-21 "乐雅英语节"评价表

评 价 维 度	各 班 得 分
1. 每班学生参与率(10%)	
2. 每班学生参与的节目数量(10%)	

续 表

评价维度	各班得分
3. 在活动中使用英语的频率、表达的准确性、自然流畅程度(80%)	
4. 附加分	

五、推行"乐雅教研",保证课程顺利实施

顺利开展乐雅英语课程,是每位阳明英语教师的梦想,为了保障"致良知"教育的顺利实施,那么老师也需要得到提升。因此,每学期我们通过引进省、市、区的力量加强教师的教研科研水平,教研组有3位教师是东湖区英语名师工作室成员,其中核心成员1人,此外,校内有市劳模工作室;我们借助各级各类平台的力量,派老师们外出学习取经,向教育发达地区学习,聆听各流派之主张,根据我校情况,实施到实际教学中去。日常教研活动做到定时、定人、定主题,研讨有针对性,活动开展后及时总结、反思。

同时,教研组也制作了考量教师的教学是否有效、高效的观察表,分别从学生学习维度、教师教学维度和课程文化等方面进行观察,提升课程的品质,详见下表(见表5-22、表5-23、表5-24)。

表5-22 "乐雅英语"观察表之学生学习维度

视角	观察点
准备	① 学生课前准备了什么?是怎样准备的? ② 准备得怎么样?有多少学生作了准备? ③ 学优生、学困生的准备习惯怎么样?
倾听	① 有多少学生能倾听老师的讲课?对哪些问题感兴趣? ② 有多少学生能倾听同学的发言?对哪些问题感兴趣? ③ 倾听时,学生有哪些辅助行为(记笔记/查阅/回应)?有多少人?

续 表

视角	观 察 点
互动	① 有哪些互动行为？学生的互动能为目标达成提供帮助吗？ ② 参与提问/回答的人数、时间、对象、过程、质量如何？ ③ 参与小组讨论的人数、时间、对象、过程、质量如何？ ④ 参与课堂活动(个人/小组)的人数、时间、对象、过程、质量如何？ ⑤ 学生的互动习惯怎么样？出现了怎样的情感行为？
自主	① 学生可以自主学习的时间有多少？有多少人参与？学困生的参与情况怎样？ ② 学生自主学习形式(探究/记笔记/阅读/思考)有哪些？各有多少人？ ③ 学生的自主学习有序吗？学生有无自主探究活动？学优生、学困生情况怎样？
达成	① 学生清楚这节课的学习目标吗？ ② 预设的目标达成有什么证据(观点/作业/表情/测验/成果展示)？ ③ 这堂课生成了什么目标？效果如何？有多少人达成？

表 5-23 "乐雅英语"观察表之教师教学维度

视角	观 察 点
环节	① 本节课由哪些环节构成？是否围绕教学目标展开？ ② 这些环节是否面向全体学生？ ③ 不同环节/行为/内容的时间是怎么分配的？
呈示	① 怎样讲解？讲解是否有效(清晰/结构/契合主题/简洁/语速/音量/节奏)？ ② 板书怎样呈现的？是否为学生学习提供了帮助？ ③ 多媒体怎样呈现的？是否适当？是否有效？ ④ 教师在课堂中的行为和动作(如走动、指导等)是怎样呈现的？是否规范？是否有利教学？

续表

视角	观察点
对话	① 提问的学生分布、次数、知识的认知难度、候答时间怎样？是否有效？ ② 教师的回答方式和内容如何？是否有效？ ③ 对话围绕哪些话题？话题与学习目标的关系如何？
指导	① 怎样指导学生自主学习(阅读/作业/)？是否有效？ ② 怎样指导学生合作学习(讨论/活动/作业)？是否有效？ ③ 怎样指导学生探究学习(教师命制探究题目/指导学生围绕学习内容自命题目并自主探究)？是否有效？
机制	① 教学设计与预设的有哪些调整？为什么？效果怎么样？ ② 如何处理来自学生或情景的突发事件？效果怎么样？ ③ 呈现了哪些非言语行为(表情/移动/体态语)？效果怎么样？ ④ 哪些有特色的课堂行为(语言/教态/学识/技能)？

表 5-24　"乐雅英语"观察量表之课堂文化维度

视角	观察点
学案使用	1. 学案编写体现了教学过程和学生学习过程，符合认知规律吗？ 2. 突出重点，分散难点，抓住关键了吗？ 3. 内容针对性强吗？容量恰当吗？ 4. 学生能熟练使用吗？
师生互动	1. 组织形式灵活吗？利于学生自主、合作学习吗？ 2. 学法科学、恰当、灵活吗？ 3. 是否注重学生学科能力的培养？ 4. 提问、讲解(讲授)、指导、启发、点拨、点评、训练等时机恰当吗？
师生素质	1. 教师组织、调控、应变能力强吗？ 2. 师生用普通话(英语)吗？语言是否准确、简练？ 3. 板书有目的、优美、条理吗？

续 表

视角	观 察 点
习惯	1. 学习用品摆放整齐吗？ 2. 课堂学习材料准备充分、到位了吗？ 3. 会预习,完成预习作业,主动思考,能发现疑难问题吗？
学习过程	1. 会听,认真听吗？会做听力笔记吗？ 2. 会读,大声朗读,快速阅读,能通过阅读获取有用信息吗？ 3. 会写,笔记和练习书写工整、规范吗？ 4. 会记笔记吗？会思考,善于归纳总结,能有效记录笔记吗？

总之,在"乐雅英语"课程的实施和评价中,让学生对自己有准确定位,有的放矢地补齐短板,扬其长处,争取让每一个孩子都亮堂堂、活泼泼、有良知、能力行,努力培育具有中国情怀、国际视野和跨文化沟通能力的具有大国风范之青少年,落实立德树人的根本任务。

（执笔：杜颖妮　罗玉环）

第六章

向光明

澄明敞亮的探究精神

王阳明曰:"此心光明,亦复何言!"又云:"君子之学,惟求得其心。"王阳明认为教育的作用是"明其心"。他指出:"君子之学以明其心,其心本无昧也,而欲为之蔽,习为之害。故去蔽与害而明复。"无论是"学以去其昏蔽",还是"明其心",其实质是相同的,教育的目的是为了去除物欲对良知的遮蔽,因此需要拂去心上的尘土,使得本心再显,心向光明,心灵澄明敞亮。"知行物理"课程的核心价值是留给学生终身受益的物理思维模式,学会运用物理知识解决生活中问题的习惯将是学生终身自带之能力。知行物理,知必表现为行,不行不算真物理。学生拥有在生活中利用物理知识解决实际问题的能力,具备创新意识,养成对物理发展过程、物理发展的科技前沿关注的习惯,如此"知中有行,行中有知","知行合一",受益终身。

析万物之理 解千古之谜

南昌市阳明学校只有两位物理教师,一位是物理教育硕士,一位是南昌市级学科带头人。两位教师热衷于学科钻研,实干能力强,积极投身校本课程的研究工作。

在新课改的背景下,我校校本课程建设不断地深入,提出阳明教育"致良知、得秀气、秉精要"的课程理念,这也是新课程标准"一切为了每一名学生的发展"这一核心理念的有力践行。那么,如何培养学生可持续学习与发展能力,让学生在校园里健康快乐地成长,感受生命的快乐与精彩呢?现依据教育部《关于全面深化课程改革落实立德树人根本任务的意见》《义务教育物理课程标准(2011年版)》精神以及学校构建"致良知"课程体系的目标,完善我校物理学科课程建设,构建适合学生综合素质提高的物理特色课程体系。

第一节 知行合一培兴趣

一、学科价值观

物理学是一门基础自然科学,它研究的是物质的基本结构、相互作用和运动规律,以及所使用的实验手段和思维方法。随着人类对物质世界认识的深入,物理学一方面带动了科学和技术的发展,另一方面推动了文化、经济和社会的发展。经典物理学奠定了两次工业革命的基础;近代物理学推动了信息技术、新材料技术、新能源技术、航空航天技术、生物技术等的迅速发展,继而推动了人类社会的发展。物理学以感知为基础,需要从具体到抽象、从实验到理论的概括过程。同时,物理学又是一门方法科学,需要按照科学研究的系统方式去探究事物的本质和规律。物理有概念系统,有定性规律和定量规律,有完整的从表象到本质、从个别到一般的抽象概括过程,有丰富的模型。①

《义务教育物理课程标准(2011年版)》指出:"义务教育物理课程是一门注重实验的自然科学基础课程。应注意让学生经历实验探究过程,学习科学知识和科学探究方法,提高分析问题和解决问题的能力。义务教育物理课程应注重与生产、生活实际及时代发展的联系。应关注学生的认知特点,加强课程内容与学生生活、现代社会和科技发展的联系;关注技术应用带来的社会进步和问题,培养学生的社会责任感和正确的世界观。"

基于这种认识,我们认为,物理课程的核心价值是留给学生终身受益的物理思维模式,学会运用物理知识解决生活中的问题的能力让学生终身受益。但是,初中物理教学现状却并不尽如人意,重知识轻方法、重结果轻过程、重智力发展轻情感教育,学生往往能"学好"却不"好学",在各种测验中均能有上佳的表现,但却缺少对物理学科的热爱,学习仅限于知识点的重复和巩固,专注于题海演练。对物理科学之美的感悟、对未知世界的探索愿望处于若有若无的状态。2011年版《义务教育物理课程标准》提出,物理学科的核心素养就是学生通过物理学习内化的带有物理学科特性的品质,是学生科学素养的重要构成,主要由"物理观念""科学思维""实验探究""科学态度与责任"四个方面的要素构成。基于以上认识,我们将"知行合一培养学生学习兴趣"作为课程开发的哲学依据。

二、 学科课程理念

"知行合一"是指客体顺应主体,"知"是指良知,"行"是指人的实践,"知"与"行"的合一,既不是以"知"来吞并"行",认为"知"便是"行",也不是以

---

① 孙明.新课程背景下加强和改进初中物理演示实验教学的实践[J].中国优秀硕士学位论文全文数据库社会科学Ⅱ辑,2014(1):344.

"行"来吞并"知",认为"行"便是"知"。这是由明代思想家王守仁提出来的。即认识事物的道理与在现实中运用此道理,是密不可分的一回事。这是中国古代哲学中认识论和实践论的命题,主要是关于道德修养、道德实践方面的。中国古代哲学家认为,不仅要认识"知",尤其应当实践"行",只有把"知"和"行"统一起来,才能称得上"善"。

我们所提的"知行"是指保护学生追求事物规律原理的欲望;培养学生的理性思维,引导学生崇尚真知,理解和掌握基本的科学原理和方法,不畏权威,不迷信标准答案,敢于批判质疑,遇事能够独立思考、独立判断,思维缜密,能多角度、辩证地分析问题,不意气用事,客观公正地看待事物的发展规律;保持勇于探究未知事物的欲望,有坚持不懈的探索精神,决不半途而废,能大胆尝试,积极寻求解决问题的有效方法。能依据特定情境和具体条件,制订合理的解决方案,具有在复杂环境中行动的能力。

初中物理课程就是通过对客观事物的探究,促进学生人生观和价值观的养成,学生在学习过程中,小到粒子、大到宇宙的事物规律探究,能感受人的渺小与大自然之浩大,从而珍惜生命之伟大,以客观公正的眼光看待事物,用理性去思考事物。通过学习瓦特改良蒸汽机推动工业革命等物理学史,增强劳动创造成功生活的意识,理解技术与人类文明的有机联系,增强掌握技术的兴趣,了解物理的发展对推动人类文明进步的重大作用。通过严谨的科学探究,形成尊重事实和证据、不迷信、不盲从跟风,动手实证的意识和严谨的求知态度,遇到问题的时候能够冷静、科学地作出判断,善于发现和提出问题,有解决问题的兴趣和热情。

只有做到"知行合一",才能让学生的学科学习真正具有旺盛的生命力,才能真正产生学习物理的动机,才能让学生享受物理的美妙。否则,物理教学便只是物理知识点的简单堆砌和物理概念的重复叠加。因此,我们要留给学生物理思维的模式,在生活中利用物理知识解决实际问题的能力,培养创新意识,养成对物理发展过程、物理发展的科技前沿关注的习惯,"知中有行,行中有知","知行合一",受益终身。促进学生学习能力不断地提升,使学生阶段性发展与终身发展相并重，使学生成为一个有科学核心素养与人文情怀相结合的人。

我们积极构建调动学生学习的积极性和兴趣、激发学生的求知动力与探索精神、培养学生的批判性思维和创新能力、呵护好奇心和激发探究欲的物理课程，"知行物理"课程具有以下几个特点：

（一）"知行物理"课程是致力于突出学科价值的物理

初中物理教材有相当一部分内容属于经典物理范畴，这些内容都是物理发展过程中积淀下来的精华，但是不可避免的是背景资料陈旧，叙述方式比较呆板，与学生生活实际相差比较远，而且统一的教材往往缺乏与实际生活的联系。作为课程的实施者，应该寻找经典物理与现代生活的联系，让学生觉得生活中处处是物理，能在实际生活中运用这些规律，一通百通。此外，教材限于篇幅，往往难以对一些物理知识、物理概念的发生过程进行详细介绍。因此，教师可在教学过程中适当补充一些物理学历史知识，让学生了解鲜活的物理发展历程，让简单的描述变得更加丰富、立体，有血有肉。学生了解物理发展历程，学会像科学家一样，在思考中获得成就感。随着现代技术的进步，教师可以在教学过程中适时选择些最新物理科技融入教学，或者联系教材解释一些新应用的原理，激发学生的认知需要，进一步激发学习动机，从而认识到物理就在我们的身边，学习物理是有价值的，物理可以改变我们的生活。

（二）"知行物理"课程是展现学科自然之美的物理

杨振宁在《美和理论物理学》一文中指出"科学中存在美"。诗人、作家笔下展现的自然之美让人心旷神怡，而源于自然之美的科学美，特别是物理美范畴体系的简单美、奇异美、真理美、对称美、和谐美、统一美等更让人陶醉。物理学是一门闪着光辉的科学，它的美体现在物理学理论的内容和形式上，也体现在物理学研究的过程中。物理学以追求宇宙和谐为目的，物理学家们在探索自然界物质运动的规律时,无论是他们所运用的巧妙的思想方法、他们的勤奋和智慧的结晶——简单和谐的物理理论、还是他们在追求真理的过程中所体现出的严谨求实、锲而不舍的科学精神,无不向人们展示科学自身的至美。如奥斯特发现磁生电与法拉第发现电生磁都是通过逆向思维去发现自然之美,作用力与反作用力的图像表现了对称之美。"知行物理"课程就是要激发学生对自然科学之美的追求。

(三)"知行物理"课程是促进学生情智和谐的物理

物理教育不是冰冷的知识和技能的传递,而是师生情感与智慧的互动交流,我校一直提倡创建情智课堂,教育教学中注重情感与智慧的创生。"知行物理"课程更加关注学生在学习物理时的情感,做有温度的物理教育。根据马斯洛需求层次理论,学生渴求被尊重和关注,正值青春期的学生更需要老师的关心和爱护。因此,"知行物理"提出要让学生在课堂中被关注、被鼓舞、被激励。物理学习也是一个情感相互融化的过程,教师一定要有真诚的笑容,适度激发学生的"被需要感",从而激发他们的成就感。教师要有生动的表情,变化的体态、语音、语调,积极中肯的评价,这些都是向学生传达情感的有效手段,对于学习暂时落后或者学有困难的学生,教师更要弯下腰来给予中肯的建议和鼓励,要让孩子们喜欢上物理课,将物理课当成一种期盼和享受。总之,教师要学会在物理课堂灵活利用多种手段,调动学生学习的积极性,促进学生情智发展。

(四)"知行物理"课程是引发学生深度思考的物理

物理教育需要带动学生深度思考。只有经过深度思考的物理才会融入学生的血液,只有经过深度思考的探究才是有质量的探究,只有经过深度思考的事物才会在脑海中形成记忆。在课堂中,对于"对不对""是不是"等简单问题的回答,不足以调动学生的深入思考,齐声朗读、圈点勾画、集体鼓掌等看似热闹非凡,然而带给学生的只是一时的喧嚣,毫无深入思考的空间。作为老师,要引导全体学生深入思考,了解物理知识、物理概念的来龙去脉,了解物理在生活中的应用,试着用自己的语言从物理的角度解释一些生活现象。有深度的思考、有质有量的思维过程才是激发学生学习动机的保证。

总之,"知行物理"就是对学生充满吸引力的物理,它根据学习动机理论激发学生认知需要,让学生享受物理的美妙,为学生可持续学习提供动力保证。

第二节 格物致知提素养

《义务教育物理课程标准(2011年版)》指出,课程总目标是让学生学习终身发展必需的物理基础知识和方法,养成良好的思维习惯,在分析问题和解决问题时尝试运用科学知识和科学研究方法;经历科学探究过程,具有初步的科学探究能力,乐于参加与科学技术有关的社会活动,有运用研究方法的意识;保持探索科学的兴趣与热情,在认识自然的过程中获得成就感,能独立思考,敢于质疑、尊重事实、勇于创新;关心科学技术的发展,具有环境保护和可持续发展的意识,树立正确的世界观,有振兴中华、将科学服务于人类的使命感与责任感。认真学习课程标准,我校物理学科提出促进学生学习能力不断地提升,使学生阶段性发展与终身发展相并重,使学生成为一个有科学核心素养与人文情怀相结合的人的课程目标。[1]

在教学中,根据教学目标、教学内容及教学对象灵活采用教学方式,提倡教学方式多样化。注重采用探究式的教学方法,让学生经历科学探究过程,学习科学研究方法,培养其创新精神和实践能力,鼓励在物理教学中合理运用信息技术。

在新的评价观念指导下,构建多元化、发展性的评价体系,注重形成性评

---

[1] 朴龙杰.基于课程标准的中韩初中物理课程的比较[J].中国优秀硕士学位论文全文数据库社会科学Ⅱ辑,2015(1):1341.

价与终结性评价结合,发展性评价与甄别性评价结合,以促进学生科学素养的提高、教师专业素质的发展和物理教学的改进。

一、 学科课程总目标

根据国家物理课程总目标,结合学校物理教研组积极构建注重学生可持续学习的物理,我们的物理课程理念为"知行合一",激发学生学习兴趣。课程总目标是提高学生科学素养和挖掘学生创新潜力,具体目标分为知识与技能、思维与方法、情感、态度、价值观等三个方面。

(一)知识与技能: 掌握可持续学习必需的基础知识和技能

俗话说"巧媳妇难为无米之炊",再好的想法都要有基本知识和技能作基础。物理课程的基本知识是指学生要学习的教材中的学科知识、生活经验和社会经验等知识以及通过多种信息渠道而获得的信息知识。如初中物理主要分为力、声、热、电、光、原子等间接知识,了解这些知识在生产、生活中的应用,可以借助日常生活遇到的直接或互联网等各种媒介间接获取的知识。技能是指通过练习而形成的完成任务所必须的活动方式,一般可分为四种: 基本技能、智力技能、动作技能和自我技能。如具有初步的实验操作技能,会使用简单的实验仪器和测量工具,能测量一些基本的物理量,会记录实验数据,知道简单的数据处理方法,会写简单的实验报告,会用科学术语、简单图表等描述实验结果。贴近学生生活,符合学生认知特点,激发并保持学生的学习兴趣,让学生通过学习和探索掌握物理学的基础知识与基本技能,并能将其运用于实践,为以后的学习、生活和工作打下基础。

(二)思维与方法: 学会运用科学思维和方法解决实际问题

学生在分析问题和解决问题时应自觉尝试运用科学的思维和科学的研究方法。经历物理知识和物理概念的科学探究过程,培养初步的科学探究能力;经历观察物理现象的过程,能简单描述所观察物理现象的主要特征,有初步的观察能力;能在观察物理现象或物理学习过程中发现一些问题,有初步的提出问题的能力;通过参与科学探活动,学习拟订简单的科学探究计划和实验方案,能利用不同渠道收集信息,有初步的信息收集能力,通过参与科学探究活动,初步认识科学研究方法的重要性,学习信息处理方法,有对信息的有效性作出判断的意识,有初步的信息处理能力;学习从物理现象和实验中归纳简单的科学规律,尝试应用已知的科学规律去解释某些具体问题,有初步的分析概括能力;能书面或口头表述自己的观点,初步具有评估和听取反馈意见的意识,有初步的信息交流能力。以学生终身发展为本,以提高全体学生科学素养为目标,为每个学生的学习与发展提供平等机会,关注学生的个体差异,使每个学生学习科学的潜能得到发展。

（三）情感、态度、价值观：保持科学学习的动力

能保持对自然界的好奇,初步领略自然现象中的美妙与和谐,对大自然有亲近、热爱、和谐相处的情感;具有对科学的求知欲,乐于探索自然现象和日常生活中的物理学道理,勇于探究日常用品或新器件中的物理学原理;有将科学技术应用于日常生活、社会实践的意识;乐于参与观察、实验、制作等科学实践活动,在解决问题的过程中,有克服困难的信心和决心,能体验战胜困难、解决物理问题时的喜悦;有将自己的见解公开的意识和与他人交流的愿望,认识交流与合作的重要性,有主动与他人合作的精神,敢于提出与别人不同的见解,勇于放弃或修正自己的错误观点;在认识自然的过程中获得成就感,能独立思考、敢于质疑、尊重事实、勇于创新。[1]

让学生了解自然界事物的相互联系,注意学科间的联系与渗透,关心科学技术的新进展,关注科技发展给社会进步带来的影响,逐步树立科学的世界观。树立正确的世界观,有将科学服务于人类的使命感与责任感。初步认识科学及相关技术对于社会发展、自然环境及人类生活的影响,有环境保护

---

[1] 徐春珏.初中学生物理发展性学习评价初步研究与实践[J].中国优秀硕士学位论文全文数据库社会科学Ⅱ辑,2012(6)：665.

和可持续发展的意识,能在个人力所能及的范围内对社会的可持续发展有所贡献;养成实事求是、尊重自然规律的科学态度,不盲从,不迷信权威,具有判断大众传媒是否符合科学规律的初步意识。[①]

二、学科课程年级目标

我校将秉承"知行合一"的物理理念,围绕以上三个课程目标,努力提高学生科学素养,挖掘学生创新潜能。就具体而言,学科课程目标如下(见表6-1)。

第三节 学思结合重拓展

我校物理学科课程框架根据"立德树人"的总体要求,在学校课程体系的总体框架下,将国家课程创造性地校本化实施,从教学内容上来说分基础性课程和拓展性课程。从实施方式来说有必修课和选修课。基础性课程都在必修课程中实施,拓展性课程部分在必修课程中实施,另一部分通过兴趣小组、社团活动等形式进行"知行物理"课程的实施,目的是既满足所有学生对物理学科的基本需求,又为不同学生的个性化需求提供更多的选择。

一、学科课程结构

据初中物理学科的课程标准、发展初中学生物理学科核心素养的要求、初中学生生理和心理的发展特点以及本校学生的特质,"知行物理"课程整体结构分为三部分,即物质、能量、运动和相互作用,这一分类主要着眼于人类认识世界的三个基本观点;选修课程整体结构分为物理学史、现代科技、信息技术、趣味实验、物理能量、运动、相互作用(见图6-1)。

[①] 田菁.新课程中初高中的科学探究教学的比较与衔接[J].中国优秀硕士学位论文全文数据库社会科学Ⅱ辑,2007(5):1266.

第六章 向光明：澄明敞亮的探究精神

表6-1 "知行物理"年级目标表

年级 内容		八上	八下	九上	九下
知识与技能		1. 秒表、刻度尺、托盘天平、量筒、量杯、温度计的使用。 2. 了解自然界声和光现象作用规律及其在生产、生活中的应用。 3. 认识物质的形态和变化、物质的属性，了解新材料及其应用等内容。 4. 了解环境保护的问题。 5. 了解物理包含科学研究的过程与方法，科学态度与科学精神。	1. 弹簧测力计的使用。认识物质的结构与物体的尺度。 2. 了解自然界多种多样的运动形式，认识机械运动规律和力作用及其在生产、生活中的应用。 3. 了解自然界多种形式，认识机械运动规律及力作用及其在生产、生活中的应用。 4. 知道安全意识，知道简单的数据记录和处理方法，会用图表等描述简单实验结果。	1. 电流表、电压表的使用。 2. 认识机械能、内能。 3. 了解自然界电和磁的内容，相互作用规律及其在生产、生活中的应用。 4. 知道安全意识，知道简单的数据记录和处理方法，会用简单图表等描述实验结果，会写实验报告。	1. 了解自然界电磁内容，相互作用规律，在生产、生活中的应用。 2. 认识能量的转化和转移、能量守恒等内容，了解新能源的开发与应用，关注可持续发展等问题。 3. 关注环境保护。
拓展	物理学家小课堂	1. 伽利略 2. 牛顿 3. 爱因斯坦 4. 帕斯卡	1. 胡克 2. 亚里士多德 3. 牛顿 4. 帕斯卡 5. 托里拆利 6. 汤姆生	1. 焦耳 2. 瓦特 3. 莱特兄弟 4. 安培 5. 伏特 6. 欧姆	1. 狄拉克 2. 奥斯特 3. 法拉第

续　表

内容 \ 年级	八上	八下	九上	九下
		7. 卢瑟福 8. 哥白尼		
炫酷物理生活	1. 测量生活中各种物体的长度。 2. 分贝仪测量各种声音的响度。 3. 测量生活中的各种温度。 4. 测量生活中各种物体的密度。	1. 测量各种力。 2. 测量各种速度。 3. 了解高原反应（坐飞机、坐火车）。 4. 寻找生活中的扩散现象。 5. 寻找家里的各种杠杆。	1. 测量生活中做功、功率大小。 2. 了解人体每天吸收和放出的热量。 3. 生活中常见的电流、电压值，生活中的家用电器电路。 4. 测量电压表的电阻。 5. 收集各种电器的铭牌，了解相关信息。	1. 发现生活中的电磁铁。 2. 收集蓄电池的功与过。
小小物理工程师	1. 制作土电话。 2. 制作简单照相机。	1. 制作弹簧测力计。 2. 制作浮沉子。	1. 制作小蒸汽机。 2. 做电池。	1. 制作电磁铁。 2. 制作水位报警器。 3. 手绘家庭电路。
闪亮物理新世界	1. 声学、光学的新发现。 2. 新材料。	1. 各种飞机的新发现。 2. 航母的新发现。	1. 热机新发现。	1. 电磁学新发现。

续 表

年级\内容	八上	八下	九上	九下
过程与方法	1. 经历观察物理现象的过程,能简单描述所观察物理现象的主要特征,能在观察和学习中发现问题,具有初步的观察能力及提出问题的能力。 2. 通过参与科学探究活动,学习通过实验收集数据,能通过实验收集数据,会利用多种渠道收集信息,经历信息处理过程,有对信息的有效性、客观性解释根据实验调查的观点,能与他人交流,能书面或口头表述自己的观点,能与他人交流,有信息交流能力。 3. 经历信息处理过程,尝试解释实验规律的过程。 4. 能书面或口头表述自己的观点,能与他人交流,有信息交流能力。 5. 通过学习物理知识,提高分析问题与解决问题的能力,并能在解决问题中尝试应用科学研究方法。			1. 经历观察物理现象的过程,能简单描述所观察物理现象的主要特征,能在观察和学习中发现问题,有控制实验条件的意识,经历通过实验收集信息,经历从信息中分析、归纳规律的过程,有初步的分析概括能力。 4. 能书面或口头表述自己的观点,能与他人交流,有自我反思和听取反思意见的信息交流能力。
情感态度价值观	1. 有学习物理的兴趣,有对科学的求知欲,能保持对自然界的好奇,乐于探索自然,能领略自然界的美妙与和谐,对大自然有亲近、热爱及和谐相处的情感。 2. 有将科学技术应用于日常生活、社会实践的意识,乐于探究日常生活用品或新产品中的物理学原理,乐于参与观察、实验、制作、调查等科学实践活动,有团队精神。 3. 有克服困难的信心和决心,能总结成功的经验,分析失败的原因,体验战胜困难、解决物理问题时的喜悦。 4. 养成实事求是,尊重自然规律的态度,不迷信权威,勇于创新,有判断大众传媒信息是否符合科学规律的初步意识,有将自己的见解与他人交流的意识,敢于提出与别人不同的见解,勇于放弃或修正不正确的观点。 5. 关注科学技术对社会发展、自然环境及人类生活的影响,有保护环境及可持续发展的意识,能在个人力所能及的范围内对社会的可持续发展作出贡献,有将科学服务于人类的意识,热爱祖国,有振兴中华的使命感与责任感。			

图 6-1 "知行物理"课程结构图

（一）基础课程说明

国家课程主要分为物质、能量、运动和相互作用三部分。严格按照新课程标准的要求实施教学，采用多样化的教学手段与教学方式，对不同层次的学生构建不同层次的"桥梁"，使学生学习科学的潜能得到发展，养成物理思维模式，观察发现→提问→猜想→探究→结论，培养学生的动手实验能力，解决实际问题，训练学生的逻辑思维能力。基础课程的作业布置，求精求开放，不依赖教辅资料，避免重复性避免题海，与课堂综合能力的训练相辅相成。完成国家必修课程的学习，其中包括物理思想渗透课、单元新知引领课、单元知识巩固课、物理实验整合课。基础课程的作业布置，与课堂综合能力的训练相辅相成，帮助学生跳出题海。

随着社会生产的发展，人们对物质世界的认识也逐步深入。物质的利用、消耗与环境和可持续发展之间的矛盾也越来越突出，已成为社会科学发展的焦点之一，而各种新材料的发现和研制，又推动了科学、生产和社会的进步与发展。当今世界，各国都致力于新物质、新材料的开发和研究，并将其研究成果快速地转化成产品，材料科学已列入世界各国优先发展的高科技领域。由此可见，学习"物质"主题对学生今后的发展有着重要的意义。本主题内容大致分为三类,第一类是对于身边物质及其属性的初步认识;第二类是对于物质结构和尺度的初步认识,了解人类所认识的物质结构和空间尺度;第三类是了解当前蓬勃发展的材料科学相联系的新材料及其应用。

能量主题有较强的综合性。从物理、化学到地理、生物,大到宇宙天体、小到原子核内部,只要有能量转化就存在能量守恒。能量守恒定律是自然科学的核心内容。它不仅广泛渗透在各学科中,而且渗透于声现象、热现象、光现象、力现象、电磁现象等物理过程中,反映了物质的运动和相互作用的本质。这也说明自然界中的各种现象都不是孤立的,而是互相联系的。因此,能量守恒定律是自然界最普遍、最重要的基本定律之一。能量主题还具有较强的社会性。人类对各种能源,如煤、石油等燃料以及水能、风能、核能等的利用,都是通过能量转化来实现的。能量守恒定律是人们认识自然的重要工具。能源关系到人们的衣食住行,关系到国家的兴盛发达。能源的开发和利用,是关系人类生存和发展的一个重大社会问题。学习这部分知识,对学生建立科学世界观、联系生产生活实际、形成可持续发展意识和创新能力的培养,都有很大的帮助。能量主题包括能量、能量的转化和转移、机械能、内能、电磁能、能量守恒、能源与可持续发展和典型课例分析等七个专题。

自然界的变化与和谐源于物质的运动和相互作用,对物质运动和相互作用的研究极大地拓展人类对自然界认识的深度和广度,构筑了物理学知识的核心,也是学习物理学的基础。如机械运动是自然界的一种基本运动形式,也是与学生生活联系最为紧密的一种运动形式,让学生从生活经验中去认识和体会,把对机械运动的认识从感性上升到理性,深入认识机械运动以及运动的相对性的内涵,体现物理课程标准的理念,即从生活走向物理,从物理走向社会。"运动和相互作用"主要分为四大专题,即多种多样的运动形式、机械运动与力、声与光、电与磁。

（二）拓展课程说明

作为国家物理课程校本化的有力实施,"知行物理"课程还提出拓展课程助推知行物理课程的实施。拓展课程采用选修课、社团活动、专题讲座以及融入平时课堂教学等多种实施方法，培养和提高学生的核心素养。当然，拓展课程并不是割裂开来的，在课程实施过程中多有交叉，相辅相成，培养学生核心素养也是螺旋式上升的过程。物理学史现代科技主要体现了学生的"知"，趣味实验和信息技术主要体现了学生的"行"，知行合一创造新的事物是学生开展丰富多彩的拓展课程，其中包括："物理学家小课堂""炫酷物理生活""小小物理工程师""闪亮物理新世界"。

1. 物理学史。每一个物理发现的背后都有丰富的物理发现史，这些物理发现史可以帮助学生更好地理解物理知识的发生过程，学习物理学家的科学精神。教师可以将一些物理学史巧妙地融入课堂教学，如：光学发展史中，从观察自然现象发现一些自然规律，到通过制作光学仪器来观测微小物体和天体宇宙，每一次仪器的更新，都为我们打开了解世界的一扇门。电磁联系一章中，从电磁联系讨论到电生磁的大突破，从而引起一系列人类有深远意义的发现，并推动了第二次工业革命。除了在课堂中进行渗透，还可以进行专题讲座，如魅力伽利略、顽皮的爱因斯坦等。物理学史的教学方式多样，如将物理知识的发展历程融入物理知识学习，用科学家的励志、趣味故事调动学生的学习积极性，以物理学家研究问题的过程展现物理研究方法等。

2. 现代科技。现行物理教材的内容选择集中在经典物理的范畴，这显然滞后于科学的发展。教师应该在教学过程中让学生了解科学前沿的一些热点事件，比如引力波、航天技术、纳米技术等，以此培养学生关注最新科技的习惯，引导学生探索和思考最新科技问题。如果仅仅局限于教材中的经典物理的内容，容易使学生与现代科技生活脱节，造成学生学习兴趣的降低。知行物理课程体系将及时结合时事热点，每学期开展不少于一次的全校专题讲座，指导学生进行有关现代科技的调查研究。通过这样的活动，让学生觉得学有所用，进一步提高学科学习的兴趣。

3. 信息技术。信息技术日新月异，对人类生活的影响是全方位的，比如现在很难寻找到20年前非常流行的BP机，也很少有人用当时非常时尚的

"大哥大",但信息技术对课堂教学的改变却比较迟缓。课堂教学所依靠的很多时候仍然是"一支粉笔、一张嘴",并未跟上科技发展的脚步,因此,在物理学科中融入信息技术非常必要。这里的信息技术不单指网络技术,而是一种全方位的信息技术,用它来支持物理教学,目的是让学生更好地理解物理知识。如能够体现实验过程并可视化过程数据的 DIS(Digital Information System)实验,可以通过声音传感器研究声音的变化,用力传感器研究作用力与反作用力。利用信息技术全方位助推物理教学,将实验现象放大、将实验过程拍照摄像并进行充分的展示,将家庭实验制成微视频共享,突破时空的限制等。这些信息技术的介入将会给学生提供研究问题、解决问题的新思路。

4. 趣味实验。教材中规定了初中物理必做的 20 个物理分组实验,也有很多演示实验,但是验证性实验居多,真正的探究性实验比较少或者说很多都是伪探究。趣味小实验鼓励学生多动手,开放性的实验也让学生有更多创新性的表达,这些都有利于学生的物理学习。因此,我们要求八年级学生坚持每周做一个趣味小实验,与教材基本同步,培养动手实践能力和创新精神。学生家庭实验不便于实地检查,可以通过拍视频、照片的形式进行在线检查(见图6-2)。

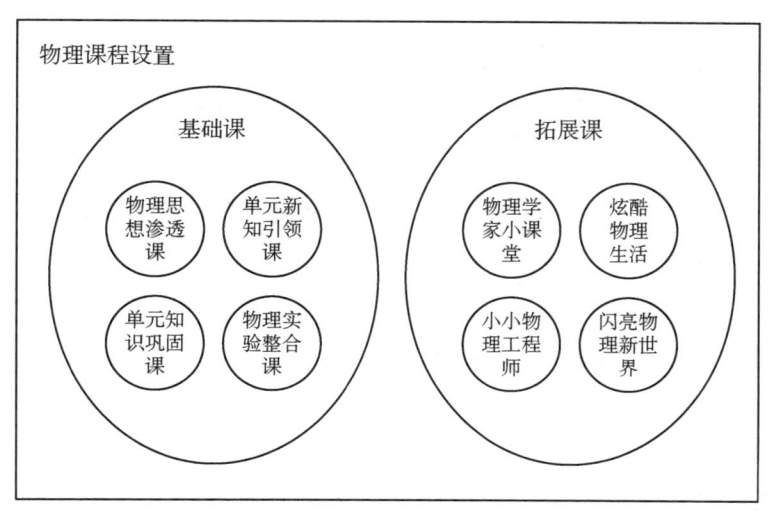

图6-2 "知行物理"课程设置图

二、学科课程设置

物理学科拓展课程具体设置如下(见表6-2)。

表6-2 拓展课程设置表

	八年级	九年级
上	"物理学家小课堂""炫酷物理生活""小小物理工程师""闪亮物理新世界" 每四周各一节	"物理学家小课堂""炫酷物理生活""小小物理工程师""闪亮物理新世界" 每四周各一节
下	"物理学家小课堂""炫酷物理生活""小小物理工程师""闪亮物理新世界" 每四周各一节	"物理学家小课堂""炫酷物理生活""闪亮物理新世界" 隔周一节

(一)授课形式

1. "物理学家小课堂"。教师给定课题→学生收集资料、实物→小组讨论→小组代表讲解→教师汇总→师生共评。

2. "小小物理工程师"。教师设定课题→学生收集资料、设计、制作→教师指导制作→汇报制作成果。

3. "炫酷物理生活"。教师布置课题→学生搜集资料→小组整理→小组汇报学习成果。

4. "闪亮物理新世界"。教师提供网上资源→学生搜集资料→小组整理→小组汇报收集成果。

5. 课程实施教师的注意事项:(1)给学生思考的弹性空间,认真对待学生每次的创新思维;(2)不强加说服学生,共同学习和探讨有争议的内容;(3)注重学科的统一,做好与其他学科的衔接,注重自我的学习。

三、课程评价

（一）基础课程

严格按照国家课程标准进行评价，在八年级、九年级进行评价。沿用经典的测试形式：口试、纸笔测验和现场操作等。

（二）拓展课程

1. 注重学生过程评价：出勤、听课、讨论、发言、活动参与情况等。
2. 评价主体多元化：包括教师评价、学生自评、学生互评等。
3. 评价方式多样化：可采用作业、课题研究、行为观察、活动表现等。
4. 建设学生简易记录档案：可以客观、公正评价学生。（见表6-3）

表6-3 学生简易记录档案

课程名称					
姓名		课堂表现		预复习情况	测试成绩
班级		师评		师评	
授课时间		自评		自评	总评成绩
考勤记录					

（三）课程评价方式

一个好的课程，必须有一套系统的评价方案与之相配合，这样才能使其发挥到最好的作用。"知行物理"课程的评价维度分为五大类别：活动开展、内容丰富、学生表现、活动效果和人文情怀。具体评价标准如下（见表6-4）。

表 6-4 拓展课程评价表

评价项目	评 价 内 容	得分
活动开展 (20 分)	1. 活动内容生动有趣,体现人文性,能激发学生参与的热情。 2. 活动贴近生活,具有创新性。 3. 活动具有针对性,能切实提高学生的能力。	
内容丰富 (20 分)	1. 内容符合新课程标准的要求。 2. 知识有一定的拓展,在学生积极参与活动的同时,也拓展和丰富自己的知识。	
学生表现 (20 分)	1. 在活动中,学生充分发挥自己的主观能动性。 2. 能根据活动的要求,学生在获得知识的同时,也得到情感上的丰富。	
活动效果 (20 分)	1. 整个活动开展流畅,各个环节衔接紧密。 2. 不仅学生通过活动得到能力的提升,老师也能从活动中有一定的收获。	
人文情怀 (20 分)	1. 通过活动的开展,体会中华文化的博大精深,增强民族自信心和自豪感。 2. 通过活动的开展,帮助学生树立正确的人生观、世界观和价值观,从而更好地弘扬我们的传统优秀文化。	
综合评价		

课程示例 6

一、课程背景

在新课改的背景下,校本课程建设不断深入,阳明教育努力践行"致良知,得秀气,秉精要""知行合一",让学生考试完成后,不是厌倦和遗忘,而是留给自己终身受益的物理思维模式,学会运用物理知识解决生活中问题的能力。

第六章　向光明：澄明敞亮的探究精神

就初中学生心理和生理特点而言，他们一方面有强烈的求知欲望，另一方面学习积极性与短暂的"直接兴趣"挂钩，遇到较抽象理性的物理知识，会失去学习兴趣和积极性，因此，在教学中一定要设计适应学生心理特点的课程。

探秘光世界的课程内容，生活中现象多，实验多，制作多，趣味性强。

二、课程目标

（一）知识与技能性目标

1. 学生能掌握各相关知识点
2. 学生能独立完成光的直线传播、光的反射、光的折射、平面镜成像、凸透镜成像相关实验
3. 学生能够完成五种简易器材的制作

（二）综合素养目标

1. 激发学生学习物理的兴趣
2. 培养学生动手实验和制作能力
3. 培养学生相互间的合作能力
4. 培养学生关注物理学史的习惯

三、课程内容

（一）探秘光世界的课程内容，主要是让学生学习光的直线传播、光速、探究光的反射、探究光的折射规律、平面镜和凸透镜成像特点和规律、眼睛成像特点等知识，并且了解这些知识在生活和技术中的应用。

（二）完成光的直线传播、光的反射、平面镜成像、光的折射、凸透镜成像相关的演示和分组实验。

（三）完成小孔照相机、万花筒、潜望镜、简易照相机、简易望远镜的学生制作。

（四）学习牛顿在光学中的贡献，制作PPT文件。

四、课程实施

探秘光世界的课程相关内容有8节，共15课时，适合初中八年级学生，需要学校教师与家长的共同合作，帮助学生完成相关学习内容。

（一）课堂学习

课程相关基础知识点包括光的直线传播、探究光的反射定律、探究平面镜成像特点、探究光的折射规律、透镜对光的作用、凸透镜成像特点、眼睛成像特点，教师应在课堂上完成相关演示实验和分组实验及知识点的教学。

（二）课后学习

课堂内容完成后，就相关的内容布置学生在家完成实验器材的制作，与家长一起利用网络查找资料，完成包括：小孔照相机、万花筒、潜望镜、简易照相机、简易望远镜、牛顿在光学中的贡献PPT文件制作，并且把制作的过程及器材的相关实验过程用手机拍摄通过微信、QQ等社交软件上传给教师。

（三）课堂反馈

教师查阅了学生拍摄的相关视频后，挑出其中优秀作品，在班级内集中展示，让作者进行相关内容的讲解，最后进行点评评出优秀作品。

五、课程评价

课程名称		第周		
姓名		课堂表现(40%)	家庭情况(30%)	测试成绩(30%)
班级		师评(15分) 1. 认真听课(10分) 2. 积极回答问题(3分) 3. 积极讨论问题(2分)	师评(10分) 1. 认真完成作业(5分) 2. 有自我作业、制作微课、制作器材(5分)	
授课时间		自评(10分) 1. 认真听课(5分) 2. 积极回答问题(3分) 3. 积极讨论问题(2分)	自评(10分) 1. 认真完成作业(5分) 2. 有自我作业、制作微课、制作器材(5分)	

续　表

| | | 同学评价(15分)
1. 认真听课(10分)
2. 积极回答问题(3分)
3. 积极讨论问题(2分) | | 家长评价(10分)
1. 认真完成作业(5分)
2. 有自我作业、制作微课、制作器材(5分) | |

第四节　问题探究促成功

"知行物理"课程旨在激发学生科学学习的欲望,呵护学生与生俱来的对大自然的好奇心和求知欲,主要从知行课堂、知行社团、知行实验、知行造物、知行技能五个方面进行实施。

一、建构"知行课堂"

所谓"知行课堂",是指由充满激情的教师与积极思考和实践的学生共同构成的充满吸引力的课堂。知行课堂要求在课堂上建构有活力的机制。课堂的精彩在于自主与合作的精彩,精彩源于细节因素多维互动,源于细节因素多维活动,这要依靠程序的系统性和机制的引领性。

知行课堂,课堂设计注重与学生的互动,充分发挥学生的主体作用和教师的主导作用。教师在教学中就要敢于"放",让学生动脑、动手、动口,积极主动地学习,不要因为学生做不好就代办,要充分相信学生的能力。教师必须尊重学生的自主权,尊重学生的意愿,科学地引导学生自觉地完成探究活动。但是,敢"放"并不意味着放任自流。事实上,探究教学并不是也不可能完全凭学生去自学或盲目探索,不需要教师的指导,当学生在探究中遇到困难、偏离探究目标时，教师要恰到好处地为学生提供必要的探究手段和信息资料。

重视探究的过程，之所以要学生去探究、去发现，是想叫他们去体验和领悟科学的思想观念、科学研究问题的方法，同时获取知识。探究过程具有教育意义，因此教师要花大力气去组织探究活动的教学过程，让每一个学生明确探究目标、活动程序，很好地分工合作，观察、记录、分析、描述都要实事求是，尊重学生的不同意见，鼓励学生的新发现、新见解或提出新一轮的探究问题。

探究形式多样化，课标将科学探究分为七个环节，教师可以以此为依据设计探究教学计划。但是应避免千篇一律，将教学单一化，应采用多种探究形式，注重完整探究和不完整探究、课内探究和课外探究、小组探究和个人探究、实验探究和演示探究、讨论探究相结合。

课堂练习是巩固、检查新授课教学质量的手段，课后练习形式多样化，有传统的书面作业，也可以是实验制作视频。我们设置了全面的评价内容（见表6-5）。

表6-5 "知行课堂"学生评价表

课程名称	月日第节		总分	
姓名	课堂表现(40%)		家庭情况(30%)	作业成绩(30%)
班级				总评成绩
	自评(20分)		自评(10分)	
	1. 认真听课(10分)		1. 认真完成作业(5分)	
	2. 积极回答问题(5分)		2. 有自我作业、制作微课、制作器材、完成实验(5分)	
	3. 积极讨论问题(5分)			

续　表

同学评价(20分)	家长评价(20分)
1. 认真听课(10分)	1. 认真完成作业(10分)
2. 积极回答问题(5分)	2. 有自我作业、制作微课、制作器材、完成实验(10分)
3. 积极讨论问题(5分)	

二、建设"知行社团"

"知行社团"是指让一批对某一物理学科领域感兴趣的学生聚在一起组成社团,围绕一些问题进行深入研究,这有利于延续并深度激发学生对物理学科的热情,呵护学生学习物理学科的动力。以探讨物理问题为契机,汇聚感兴趣、愿动手、勤思考的学生从物理问题到物理课题,从封闭式解题到开放式探究,从碎片化到整体架构,切实提高这些学生的科学素养,维持并激发其科学探究的欲望,实施计划如下:

(一)"知行社团"的实施

"知中有行,行中有知","知行合一",受益终身,我们引导学生成为一个有科学核心素养与人文情怀相结合的人。

我们利用物理原理,制作一些生活中的小工具,拍摄实验制作和演示视频上传到微信群,鼓励学生分享自己了解的物理小故事,包括触摸最新的物理科技、追忆物理学家等。活动安排如下:(每周安排一次课)

1. 上网查找牛顿、伽利略、爱因斯坦的事迹制作ppt(1课时)
2. 土电话(1课时)
3. 针孔照相机(1课时)

4. 万花筒、潜望镜、平面镜魔术盒(1课时)

5. 简易望远镜、各种凸透镜、水杯彩虹(1课时)

6. 自制温度计、自制气压计(1课时)

7. 生活器材设计实验比赛(1课时)

8. 猜物理谜语比赛(1课时)

9. "我知道"物理知识解释生活现象大赛(1课时)

(二)"知行社团"的评价方式

1. 自立性和导向性相结合的原则。教师要认真安排活动内容,有目的、有计划地指导好学生,让学生学有所得,学有所获。

2. 实践性原则。在物理科技小制作中通过学生自己的双手实践,培养学生的综合能力,对于学生的思维能力、想象能力、合作能力、动手能力都有很好的帮助和提升。

3. 趣味性和实效性相结合的原则。科学小制作摆脱了书本枯燥乏味的教学模式,寓教于乐,对于开发学生智力,提升学生各方面能力都有帮助。同时使学生对于物理科学有更加浓厚的兴趣。

4. 参与意识和竞争意识相结合的原则。教师通过展示和比赛等竞争活动,促进学生的参与和竞争意识。

具体评价方式如下(见表6-6)。

表6-6 "知行社团"评价表

	设计(10分)	语言(10分)	合作(10分)	其他(10分)
活动1				
活动2				
活动3				
活动4				

续　表

	设计（10分）	语言（10分）	合作（10分）	其他（10分）
活动5				
活动6				
活动7				
活动8				
活动9				
总评：				

每学期末，根据社团的组织管理情况、活动情况、已有的研究成果在全校进行分享、奖励。

三、推行"知行实验"

进行"知行实验"，不只是狭义上的要求学生在学校做实验，而是鼓励学生课后利用生活中所有可用的器材设计完成实验，养成勤于动手动脑的习惯、运用物理思维解决问题的习惯。

（一）"知行实验"的实施

物理实验教学要求也是从三维目标来规定的。物理实验不仅仅是知识与技能的学习，也不仅仅是"动手＋动脑"的活动，它对学生的心理发展，提高合作意识和能力、体验和感悟科学本质等方面都有不可替代的作用。实验设计与实施，要遵循一般科学研究的程序，即发现问题、提出假说、设计实验、验证猜想等。反思性教学实验也不例外。在实施过程中，教师要注意以下三方面问题：

1. 改变旧式的教学理念。旧式的教学理念是让学生学习书本上的理论知识，对于实践能力是不怎么注重的，在实际运用的过程中难免会发生"纸上谈兵"的情况，而这显然违背了教学的初衷和目的。所以我们首先应该改变这样的教学理念，把传统的教授学生单纯的理论知识的教学方式转化成教授学生如何运用理论知识。

2. 创设实验中的学习情境。实验的主要目的是把虚拟的物理知识通过具体的意象表达出来,让学生能够直观地来感受。实验过程应该是严谨的,不能有太多的误差,这就要求教师的教学要满足实验教学的要求。基于这样的原因,在实验的教学过程中,教师难免会专注于试验的过程而忽略了学生的学习感受,所以我们也要注意这方面的问题,要创设合理的学习情境来帮助学生学习。

3. 教学中重视实验的效果。教师必须重视实验教学的效果。在以小见大的实验中,学生可以举一反三地学习知识点。在实验过程中可能不能完全地把知识点反映出来,但是通过类似或者原理相同的方法可以完美展示,这不仅可以提高学生的学习效率,也可以减少教师的教学时间,从而可以有更多的时间去准备新的知识点,提高学生学习的进度。例如:水沸腾条件的探究(水中水的沸腾),实验室要完成这个实验,不仅准备的器材多而且操作不便,如果课后在家里的厨房完成就容易多了。只要在装水的锅里漂个装水的小碗即可观察实验现象,操作简单现象明显,时间空间都不受限制,不仅如此,学生还可以拍摄视频上传,在班级内播放,孩子们的自信心、学习兴趣都会大大地提高。

(二)"知行实验"的评价

知行实验的评价从创意、效果、环保三方面入手,引导学生向更好的方向发展(见表6-7)。

表6-7 "知行实验"评价表

作品名称	设计创意 (10分)	实验效果 (10分)	材料环保 (10分)	总分

学期中和期末进行两次评比,优秀者将获得"知行实验"小能手的称号。

四、推进"知行造物"

所谓"造物",即指人工性的物态化的劳动产品,是使用一定的材料,为一定的使用目的而制成的物体和物品。在物理课程中所体现的造物——知行造物,就是指制作者利用生活中随处可见的用品,应用物理中学习的理论知识制作完成与之相关的小实验教具及模型的过程。所造之物既可以辅助教学又可以培养学生的各方面能力,且生活中的器材取材容易、费用低廉,可大量利用,形式可以是师生共同完成、学生独立、学生间合作完成。这种方式有利于激发学生的求知欲,培养学生的创造力和动手能力,培养学生的科学态度;有利于课程重难点的突破,在实验教学中能起到举足轻重的作用;有利于在知行课堂的基础上完成课题的提出、猜想、设计与操作并得出结论。从实际操作中得到理论知识,在理论知识的基础上进行操作,提升操作能力的同时得到新的理论,充分彰显了从生活走向物理,从物理走向社会的教育理念。

(一)"知行造物"的实施

实施过程以造物比赛的形式开展如下:

1. 在知行课堂上选择一些与生活联系紧密且具有可操作性的课题,也可由学生自主提出感兴趣的课题作为重点研究内容,老师有目的地进行内容的强化及扩充提升。

2. 以社团的形式开展活动,在老师的引导下分组讨论分析原理、操作的可行性,最终确定方案,分小组完成材料的选择、制作。

(二)"知行造物"的评价

制作完成,各小组的作品参与评比。评委由学生、家长、老师共同组成,评价标准如下(见表6-8)。

表 6-8 "知行造物"评价表

作品名称	材料环保性 10 分	物理原理应用知识量 20 分	与生活的关联性 10 分	可操作性 20 分

五、提升"知行技能"

我们在以上建构知行课堂、建设知行社团、推行知行实验、推进知行造物的过程中,提升的知行技能是什么？作为物理教育者的我们一直在追求最终的目标——学生的物理核心素养的培养。物理学科核心素养的内涵：以"全面发展的人"为核心。是指学生通过学习达到应该具备的、能够适应终身发展的必备品格和关键能力,是关于学生的知识、技能、情感、态度等方面要求的综合表现。"知行技能"概括起来就是物理观念的达成、科学思维的养成、科学探究的经历、科学态度与责任的树立。

（一）"知行技能"的提升路径

在"知行技能"的提升方面,我们从以下几方面着手。

1. 知行课堂中经历的课题提出、猜想、设计方案、方案进行、问题解决、理论知识的得出这一过程,学生经历的科学探究过程中,有应用其他学科知识作为工具、有应用原有的知识经验、有交流与合作、有最终的分析归纳,期间得到能力的提升是综合的。

2. 知行社团是一群物理爱好者的聚会,他们可以一起讨论,一起分析,一起操作,一起经历失败的沮丧,一起体验成功后的喜悦。

3. 知行实验的推行,是对物理前辈们的致敬,我们需要经历科学家们一样的实验过程。在实验过程中发现问题、改进问题的过程中,我们从知识、技能,到情感态度上都经历了一次洗礼与提升。

（二）"知行技能"的评价要求

知行技能提升的评价标准可以通过下表参考进行,这种标准主观性强,每个学生能力的提升是在潜移默化中改变的,是需要时间来证明的,评价标准如下(见表6-9)。

表6-9 知行技能提升的评价表

学习动机 20分	知识表达 20分	创新能力 (解题方式)20分	反应能力 (应答速度)30分	学习习惯的 改善10分

六、开展"知行论坛"

开展"知行论坛",给学生一个展示自己的舞台。知行论坛主要是鼓励学生把自己知道的物理故事一起分享,通过演讲和辩论加深对物理的理解。鼓励学生参加"知行论坛",无论是触摸最新的物理科技还是追忆优秀物理学家的故事都有利学生丰富物理情感,感受多维物理,激发学习动力。

（一）"知行论坛"的推进与实施

1. 制定目标,坚持目标管理,使全体同学心中有方向,前进有动力。比如,学期初可在征求意见的基础上,集中讨论怎样的安排,达到什么目标,大家如何配合,进而提出明确要求,在形成共同愿景的基础上,同学们积极参与,形成合力。

2. 主动团结组织同学们开展一些集体活动,大家在参与中合作,在合作中交流,在交流中心通,在心通中凝聚。

我们对"知行论坛"活动有详细的安排如下(见表6-10)。

表6-10 "知行论坛"活动安排表

第一次活动	组建"知行论坛"制定目标
第二次活动	论坛主题"物理是什么"
第三次活动	论坛主题"生活中的声音"
第四次活动	论坛主题"神奇的光现象"
第五次活动	论坛主题"物态变化大揭秘"

（二）"知行论坛"的评价要求

每次活动的三名"博主"由同学们投票选出，学期末评出优胜者，给予奖励，评价标准如下（见表6-11）。

表6-11 "知行论坛"评价表

"博主"姓名	设计（10分）	语言（10分）	合作（10分）	其他（10分）
总评 （"博主"之星）				

总之,"知行物理"课程建设,旨在以优质学科课程建设为载体,推动人才培养模式改革,培养和造就一批师德高尚、结构合理的优秀教师团队,打造初中学科课程教学品牌。物理是美妙的,不是知识的堆积,不是毫无生命力的概念叠加。让物理完满知行的立体感和张力美,调动学生学习物理的积极性,突显学生的探索精神,培养学生的创断能力,是物理课程最美好的期待。

(执笔人:况　莉　邹　静)

后记

暑去寒来,四季更迭。

《五育并举的课程体系:致良知课程的旨趣与探索》一书终于和大家见面了!今昔之感,万千思绪涌上心头。

近年来,我校在"致良知教育"的引领下,一步一个脚印开发了与之契合的致良知课程。全体教师积极参与,共同开发了"知言语文""灵动音乐""人文数学""悦动体育""乐雅英语""知行物理"等近60门课程。本书收入了我校教师开发的一部分课程,每一门课程都经历了实践——评估——研讨——开发的过程。当初落笔撰写时,教师们都觉得课程很高深,是一项根本无法完成的任务。通过专家的引领和指导慢慢意识到学校之前已经开设的社团、活动课等就是课程,只是我们对课程开发处于无意识状态罢了。于是,教师们通过实践探索,先对选择的课程情境进行分析,再对学生的需求作出评估、确定目标、选择与组织相关内容、确定实施与评价的方式,最后开发出开放的、多种多样的、具有学校特色的课程。

全书是在罗先凤校长的领导和督促之下完成的。本书凝聚着编委的心血,更要感谢全体阳明教师,尤其是课程的设计者。本书编撰初始我校老师主动请缨,执笔规划课程,积极参与课程的实践、评估、研讨与开发,使学校课程更加适合学生的需要,促进学生最大程度地发展。同时,在课程开发的实践过程中教师能促进自身的专业发展。教师既是教学的实践者,又是课程的开发者和研究者,因而大大增强了行动研究的意识和能力。教师参与课程开发不仅仅是编制出一系列的课程文本,更重要的是参与课程开发过程本身。

我们衷心希望,在精彩纷呈的课程中,孩子们能够懂得致良知,做一个内心澄明敞亮的人。而我们——课程的设计者与实践者,将与孩子们在课程中共同成长。致良知课程未来可期。真诚希望本书能够为基础教育学校学习和践行阳明文化提供知行的路径,为各地学校推进课程变革提供引领和指导。

本书是在东湖区教育科技体育局的领导下完成的。本书的出版,还要感谢上海市教育科学研究院杨四耕老师。杨老师不辞辛劳多次奔波于我区和上海之间为我们指导课程开发,他始终关注学校发展,不遗余力地支持学校变革。他指出,课程建设需要聚焦并影响学生终身发展,需要克服碎片化、拼盘化、大杂烩的弊端,更需要教师有自己的教育哲学和教学主张来引领课程改革。

此外,还要感谢华东师范大学出版社的厚爱与支持,感谢责任编辑刘佳老师的全情付出与专业,是他们让我们开发的课程得以分享!

编者
2020 年 1 月

"品质课程"阅读书目

书名	ISBN	价格	出版时间
学校整体课程规划	978-7-5760-0423-6	48.00	2022年1月
推进育人方式变革的区域教学改进研究	978-7-5760-2314-5	56.00	2021年12月
学校整体课程规划的七个关键	978-7-5760-0424-3	62.00	2021年3月
课堂教学的30个微技术	978-7-5760-1043-5	52.00	2020年12月
教学诠释学	978-7-5760-0394-9	42.00	2020年9月
原点教学：提升区域育人质量的策略研究	978-7-5760-0212-6	56.00	2020年8月

品质课程聚焦丛书

书名	ISBN	价格	出版时间
自组织课程：语文学科课程群新视角	978-7-5760-1796-0	48.00	2021年12月
数学作为学习共同体：一种新的数学课程观	978-7-5760-1746-5	52.00	2021年12月
学科育人的整体课程范式	978-7-5760-2290-2	46.00	2021年12月
聚焦育人质量的学科课程设计	978-7-5760-2288-9	42.00	2021年11月
活跃的学习图景：学校课程深度实施	978-7-5760-2287-2	48.00	2021年11月
学科文化：英语学科课程新视角	978-7-5760-2289-6	48.00	2021年12月
课程联结：学科课程群设计方法	978-7-5760-2285-8	44.00	2021年12月
数学学科课程决策：专业视角	978-7-5760-2286-5	40.00	2021年12月
特色项目课程：体育特色课程的校本建构	978-7-5760-2316-9	36.00	2021年12月
进阶式探究课程设计：学科整合视角	978-7-5760-2315-2	38.00	2021年12月

学校课程发展精品丛书

书名	ISBN	价格	出版时间
学科课程群与全经验学习	978-7-5760-0583-7	48.00	2021年1月
育人目标与课程逻辑	978-7-5760-0640-7	52.00	2021年2月
学科课程与深度学习	978-7-5760-0505-9	52.00	2021年2月
学校课程的文化表情：百花园课程的学科指向与深度实施	978-7-5760-0677-3	38.00	2021年2月
学校文化与课程变革	978-7-5760-0544-8	62.00	2021年2月
语文天生重要：语文学科课程群设计	978-7-5760-0655-1	44.00	2021年2月
五育并举的课程体系：致良知课程的旨趣与探索	978-7-5760-0692-6	48.00	2021年1月

书名	ISBN	定价	出版时间
学科课程与育人质量	978-7-5760-0654-4	48.00	2021年1月
在地文化与课程图谱	978-7-5760-0718-3	46.00	2021年2月
中观课程设计与学科课程发展	978-7-5760-0624-7	36.00	2021年1月
大教学：英语学科核心素养培育的课程模式	978-7-5760-0462-5	46.00	2021年1月

特色学校聚焦丛书

书名	ISBN	定价	出版时间
儿童是天生的探索者：360°科学启蒙教育	978-7-5675-9273-5	36.00	2020年2月
做精神灿烂的教师：教师自我成长的5个密码	978-7-5760-0367-3	34.00	2020年7月
让教育温暖而芬芳	978-7-5760-0537-0	36.00	2020年9月
快乐教育与内涵生长	978-7-5760-0517-2	46.00	2020年12月
故事教育与儿童发展	978-7-5760-0671-1	39.00	2021年1月
美好教育：学校内涵发展的循证研究	978-7-5760-0866-1	34.00	2021年3月
把美好种进儿童心田	978-7-5760-0535-6	36.00	2021年3月
倾听生命的天籁："天籁教育"的实践与探索	978-7-5760-1433-4	38.00	2021年9月
为了每一个孩子的美好心愿	978-7-5760-1734-2	50.00	2021年9月
向着优秀生长："模范教育"的理念与实践	978-7-5760-1827-1	36.00	2021年11月
让个性自然发荣滋长："引发教育"的理论寻源与实践探索	978-7-5760-2600-9	38.00	2022年3月

跨学科课程丛书

书名	ISBN	定价	出版时间
大情境课程：主题设计与创意评价	978-7-5760-0210-2	44.00	2020年5月
社会参与素养的培育模型与干预机制	978-7-5760-0211-9	36.00	2020年5月
大概念课程：幼儿园特色主题活动设计	978-7-5760-0656-8	52.00	2020年8月
项目学习：进入学科的课程智慧	978-7-5760-0578-3	38.00	2021年4月
STEAM课程的设计与实施	978-7-5760-1747-2	52.00	2021年10月
幼儿个性化运动课程	978-7-5760-1825-7	56.00	2021年11月
幼儿园特色课程的框架与实施	978-7-5760-2598-9	48.00	2022年3月

核心素养导向的课堂教学丛书

书名	ISBN	定价	出版时间
转识成智的课堂教学：核心素养导向的历史教学	978-7-5760-0164-8	40.00	2020年5月

书名	ISBN	定价	出版时间
学导式教学：学会学习的教学范式	978-7-5760-0278-2	42.00	2020年7月
高阶思维教学的关键技术	978-7-5760-0526-4	42.00	2021年1月
会呼吸的语文课：有氧语文的旨趣与实践	978-7-5760-1312-2	42.00	2021年5月
高阶思维教学的核心指向	978-7-5760-1518-8	38.00	2021年7月
磁性课堂：劳动技术课就这样上	978-7-5760-1528-7	42.00	2021年7月
核心素养导向的作业设计	978-7-5760-1609-3	40.00	2021年8月
语文，让精神更明亮	978-7-5760-1510-2	42.00	2021年9月
"六会"教学法：基于核心素养的课堂教学	978-7-5760-1522-5	42.00	2021年9月

特色课程建设丛书

书名	ISBN	定价	出版时间
教师，生长的课程	978-7-5760-0609-4	34.00	2020年12月
学校课程发展的实践范式	978-7-5760-0717-6	46.00	2020年12月
丰富学习经历：如歌式课程的愿景与深度	978-7-5760-0785-5	42.00	2020年12月
学科课程群设计方法	978-7-5760-0579-0	44.00	2021年3月
学校美育课程的立体建构：菁华园课程的逻辑与框架	978-7-5760-0610-0	36.00	2021年3月
关键学习素养与学科课程设计	978-7-5760-1208-8	34.00	2021年4月
学校课程设计：愿景建构与深度实施	978-7-5760-1429-7	52.00	2021年4月
生长性课程：看见儿童生长的力量	978-7-5760-1430-3	52.00	2021年4月
"慧阅读"课程：儿童视角	978-7-5760-1608-6	42.00	2021年6月
诗意栖居的课程愿景：智慧岛课程的逻辑与深度	978-7-5760-1431-0	44.00	2021年7月
每一个孩子都是最重要的人：V-I-P课程的内在意蕴与学科视角	978-7-5760-1826-4	54.00	2021年8月
给每一个孩子带得走的能力：井养式课程的旨趣与探索	978-7-5760-1813-4	42.00	2021年10月
指向核心素养的课程统整框架：I AM BEST课程的学科之维	978-7-5760-1679-6	48.00	2021年11月